Let's Write in English Mode

英語モードが身につく
ライティング

大井 恭子　伊藤 文彦 著

Kenkyusha

はしがき

　この本は，自分が話したり，書いたりしている英文がなんとなく英語らしい英文にならないと悩んでいる学生に向けて，「本当の英語らしさが身につくように」との願いから書かれました。

　英語は私たちにとって外国語ですから，その理解のために私たちは自分の母語である日本語の枠組みをもとにしようとします。それは当然なことで，非難されるべきことではありません。英語も日本語同様，主語，述語という文の構成要素があり，名詞，動詞，形容詞という品詞があります。ですから，そのような手がかりをもとに新たな言語である英語を理解し，身につけようとするのは，母語を確立した学習者の一般的な学習方法です。しかしながら，英語と日本語は異なる言語です。あまりにも母語の枠組みにとらわれて母語と同じ発想で英語も整理しようとすると，「英語らしからぬ英文」になってしまいます。

　現在，書店の英語関連のコーナーにはあまたの英語学習の指南書が置かれています。皆それぞれの特徴があり，読者のニーズに供されるよう執筆されています。本書は，特に日本語と英語とのずれに焦点を当て，日本人英語学習者にとって盲点・急所と思われるところをクローズアップしました。

　「英語の勉強に文法はいらない」などとよく言われますが，我々はこれは誤った考え方であると考えます。言語の骨組みとなる文法をしっかりと身につけることが肝要です。そして，その文法を学びながら，日本語とは異なる「英語的な発想」に是非気づいてほしいと思います。そのための手助けがこの本なのです。文法的解説はなるべく「やさしく，わかりやすく」を心がけました。

　また，単純な文を産出するだけのレベルから，より成熟した文が書けるようになるために，「センテンス・コンバイニング」(sentence combining) という手法も取り入れ，その練習にも力を入れています。さらに，これまで曖昧な理解しかできていなかったと思われる英語のカンマの用法も，システマティックに学べるように構成してあります。

　本書は，著者二人のアメリカ合衆国での生活と日本での長い英語教員としての経験をもとに編まれました。日本人英語学習者の誤りを通して得た経験が執筆の大きなヒントとなっています。本書を学ぶことで培われる，日本語的発想とは異なる「英語的発想」をフルに生かすことにより，日本語に引きずられた間違いをしないように心がけ，英語力に磨きをかけていってもらえたらと祈念しております。

　2012 年 9 月

大　井　恭　子
伊　藤　文　彦

本書の構成と利用法

　本書は大学や高等専門学校での一学期間に対応するように，全部で14のセクションから成り立っています（Part 1 と Part 2 の2部構成）。

★ Part 1（Section 1～9）
　日本人が間違えやすい文法事項をテーマごとに編纂しました。
|テーマ|
　日本人が間違えやすい英訳の誤りや文法事項をテーマに設定しました。
|テーマ理解のための例文|
　○×例文を示しました。どこが，なぜ間違っているのかを考えてみましょう。
|英語モードの考え方|
　テーマの要点を簡潔に解説してあります。
|Exercise|
　テーマに沿った練習問題です。実際に手を動かして書いてみましょう。
|ヒント|
　英訳に必要な発想転換のためのヒント（=「発想のヒント」）や語句のヒント（=「ヒント」）を示すことにより，練習問題に取り組みやすくしました。
|POINT！|
　テーマの要点や関連事項を，例文や図を使ってわかりやすく解説しました。

★ Part 2（Section 10～14）
　Part 1 で培った英語モードの一文を，より成熟した文へと導くためのセンテンス・コンバイニングの練習問題です。「単文⇒重文⇒複文」というように，より複雑な文構造を持った文が書けるようになるための練習です。さらに，各セクションではパラグラフ・ライティングに挑戦できるように，モデル文およびその解説，そして課題が用意されています。一学期の後半では，是非ともパラグラフ・ライティングに挑戦してほしいと思います。最後のセクションでは「カンマの使い方」が取り上げられています。英語のカンマの使用にはきちんとしたルールが存在することをしっかりと確認してください。

　本書の所々には「Useful Information」や「私の心に残る言葉」などのコラムがありますので，適宜利用して豊かな英語力を身につけていただきたいと思います。

CONTENTS

はしがき　iii
本書の構成と利用法　iv

Part I　日本語の発想から脱して英語の発想で書く

Section 1　主　語 ……………………………………………………………………… 2

1. 「～は」,「～が」が英文の主語とは限らない　2
2. 「～は…だ」の日本文を英訳する時は気をつけよう　3
3. 日本語における主語の省略に注意　4
4. 「～は(が)…にあります」,「…に～があります」は主語に注意　5
5. 「所有物」を「～される」時は要注意！　6
6. Useful Information:「～が多い」,「～がほとんど(い)ない」の表し方　7

Section 2　動　詞 ……………………………………………………………………… 8

1. アクション動詞できびきびと　8
2. 自動詞と他動詞を区別しよう　9
3. 能動態でストレートに　10
4. 「～ています」は現在進行形とは限らない　11
5. 習慣・一般的事実は現在形で　12
6. Useful Information: 間違えやすい自動詞と他動詞　13

Section 3　形容詞 (1) ……………………………………………………………… 14

1. 「させる」か「させられる」か (-ing 形 / -ed 形)　14
2. 形容詞の2つの用法　15
3. 形容詞の主語に気をつけよう　16
4. 人を主語にしない形容詞　17
5. Useful Information ①: 現在分詞と過去分詞　18
6. Useful Information ②: 他動詞から派生した形容詞ベスト20　19

Section 4　形容詞 (2) ……………………………………………………………… 20

1. 人を主語にしない形容詞—probable　20
2. 人を主語にする形容詞—glad, happy, sorry　21
3. glad, happy, sorry は that 節もとれる　22
4. able と likely も主語に注意　23

[v]

5. Useful Information ①:「数えられる名詞」（可算名詞）と「数えられない名詞」（不可算名詞）　24
6. Useful Information ②:「人を主語にする形容詞」と「人を主語にしない形容詞」のまとめ／予定を表す語のニュアンス　25

Section 5　副　詞　26

1. 名詞を修飾する時は〈almost all＋名詞〉　26
2. 「まだです」は Not yet.　27
3. 3つの「まだ」を区別しよう　28
4. 「最近」は recently か nowadays か　29
5. 「～後」は〈～ later〉と〈in ～〉を区別する　30
6. 「1週間後」は after a week と表現できるか　31

Section 6　助動詞　32

1. 「できました」は could とは限らない　32
2. 〈could＋"FRUSH"動詞〉(feel, remember, understand, see, hear)　33
3. 〈"DROPS"動詞 that S＋V〉(demand, require, order, propose, suggest)　34
4. 助動詞の推量表現に要注意！　35
5. Useful Information ①:被害の受け身　36
6. Useful Information ②:日本語・英語の差から来る日本人特有の誤り　37

Section 7　時制（1）　38

1. 現在と深いつながりがあれば現在完了形　38
2. 「過去を示す表現」は現在完了形で使えない　39
3. 「過去を示す表現」がなければ，現在完了形と過去形はほぼ同義　40
4. 1st action は過去完了形，2nd action は過去形　41
5. 1st action は過去進行形，2nd action は過去形　42
6. Useful Information: 現在完了形と過去形　43

Section 8　時制（2）　44

1. 「計画未来」と「とっさの意志未来」　44
2. 予測・予想未来　45
3. 日本語の「～した」に要注意！　46
4. 近い未来の予定は現在進行形　47
5. hope, intend, plan, want の使い方　48
6. Useful Information:「～になる」に対応する英語表現　49

Section 9　接続詞 ·· 50

1. 「〜が」はいつも逆接とは限らない　50
2. 〈so 〜 that …〉構文に not がつく場合に注意　51
3. but, although, though は逆の意味の文をつなぐ接続詞　52
4. even if は 2 つの選択肢　53
5. 〈no matter ＋ 疑問詞〉は無数の選択肢　54
6. if と when の使い分け　55

Part II　より複雑な文を書く—センテンス・コンバイニング

Section 10　単　文 ·· 58

Paragraph Writing (1)：トピック・センテンスを意識しよう　63

Section 11　重　文 ·· 64

Paragraph Writing (2)：さまざまな -ing 形を使いこなそう　69

Section 12　複文 (1)　名詞的用法と形容詞的用法 ································· 70

Paragraph Writing (3)：並列構文を使って情報の豊富な英文を作ろう　72
Paragraph Writing (4)：関係代名詞継続用法でスマートに長い文を作ろう　75

Section 13　複文 (2)　副詞的用法 ·· 76

Paragraph Writing (5)：読者の記憶に残りやすい英文を書こう　81

Section 14　カンマの使い方 ·· 82

Paragraph Writing (6)："I" の世界から，より客観性のある世界へ羽ばたこう　87

コラム：私の心に残る言葉

9, 45, 46, 66, 78, 80

あとがき　89

Let's Write in English Mode

Part I

日本語の発想から脱して
英語の発想で書く

Section 1　主　語

1　「～は」,「～が」が英文の主語とは限らない

> 私の家族は 5 人です。
> ×　My family is five.
> ○　We are a family of five.　　○　There are five people in my family.

英語モードの考え方

　日本語の「～は」,「～が」は，英語においても主語になることが多いことは確かです。しかし，すべての「～は」,「～が」が英語の主語になるというわけではありません。英語と日本語では文の仕組みが異なりますから，日本語を英語に置き換えただけでは英語にはならないというケースも少なくありません。

　　「私の家族は 5 人です」→「私たちは 5 人の家族です」
　　　　　　　　　　　　　→「私たちの家族には 5 人の人々がいます」
　　　　　　　　　　　（＝和文英訳する前に和文を英訳しやすい和訳に作りかえる）

このように，日本語を英語の仕組みに合わせて発想転換することが大切です。

Exercise 1

英文における正しい主語は何かを考えて，×マークの英文の誤りを直してみよう。

1. 英語の授業は月曜日です。
   ×　English class is Monday.
2. 今日の東京は雨です。
   ×　Today's Tokyo is rain.
3. 日本における最も大きな問題の一つは，人が多いことです。
   ×　One of the most serious problems in Japan is that people are many.

POINT!　英語の文の基本は〈主語＋述語動詞〉

　日本語の文の基本は「何がどうだ」という〈話題（topic）＋コメント〉の形ですが，英語の文は「何がどうする」という〈主語＋述語動詞〉の形が基本です（→ p. 37）。

- 日本語　→　「私には息子が 2 人います」
　　　　　　〈話題（topic）＋コメント〉
　　　　　　「私の息子の話をするとね」＋「2 人なんですよ」
- 英　語　→　I have two sons.
　　　　　　〈主語（actor）＋述語動詞（action）〉
　　　　　　（行為者）＋（行為・行動）
　　　　　　「私」＋「2 人の息子を持つ」

Section 1 主語

2 「〜は…だ」の日本文を英訳する時は気をつけよう

> 猿は尾が長い。
> × A tail is long in a monkey.
> ○ A monkey's tail is long.
> ○ The tail of a monkey is long.

英語モードの考え方

1 で説明したように,「〜は」,「〜が」がそのまま英語の主語になるとは限りません。冒頭の「猿は尾が長い」の場合は,「尾が」が主語で,「長い」が述語なので,「猿の尾は長い」と発想転換してから英訳しましょう。あるいは,「猿は長い尾を持っている」と考えて, A monkey has a long tail. と表現してもよいでしょう。

Exercise 2

英文における正しい主語は何かを考えて, ×マークの英文の誤りを直してみよう。

1. 愛媛県と言えばみかんが有名です。
   × Oranges are famous in Ehime Prefecture.

2. 他の者は皆ランチでハンバーグを注文しましたが, 私はスパゲッティでした。
   × Everyone else ordered a hamburger for lunch, but I was spaghetti.

3. 私は横浜より渋谷の方が好きです。なぜなら, そこはもっとおもしろいからです。
   × I like Shibuya better than Yokohama because there is more exciting.

4. この新薬の効用は現在, 厚生労働省で調査中です。
   × The effectiveness of this new medicine is currently examining at the Ministry of Health, Labor, and Welfare.

POINT! 英語の主語は名詞, 代名詞, 動名詞

英語では主語になれるものは名詞, 代名詞, 動名詞などです。それらを主語にして, それに対応する述語動詞を用意することが求められます。日本語式の文の組み立てそのままで英語にしないで, 英語における主語は何かを良く見極めて,〈主語＋述語動詞〉の文に組み立て直すことが大切です。

3 日本語における主語の省略に注意

> 重くないですか？（重そうな赤ちゃんを抱いている人に向かって心配そうに）
> × Aren't you heavy?
> ○ Isn't the baby heavy? 「赤ちゃんは重くないですか？」
> ○ Are you all right? 「（あなたは）大丈夫ですか？」

英語モードの考え方

日本語では主語がよく省略されます（例「財布を落としてしまいました」，「その新車に乗りましたか」）。主語が省略された日本語を英訳する時は，主語を補わなければなりません。冒頭英文のように "Aren't you heavy?"「あなた（の体重）は重くないですか？」と言われたら，言われた人は傷ついてしまうでしょう。heavy の主語が何であるかを見極める必要があります。

Exercise 3

英文における正しい主語は何かを考えて，×マークの英文の誤りを直してみよう。

1. 日本はお雑煮を食べながらお正月を祝います。
    × In Japan celebrate New Year, eating *ozoni*.

2. その損害に対し2万円払います。それでよろしいですか？
    We will pay you 20,000 yen for the damage.
    × Are you okay?

3. 次の面接は金曜日です。ご都合はよろしいでしょうか？
    Your next interview will be held on Friday.
    × Are you convenient on Friday?

4. 痛みますか？（足をけがしている人に向かって）
    × Are you painful?

5. その晩，夜更かしをしたので翌日は眠かった。
    × I stayed up late that night, so the next day was sleepy.

POINT! 省略されている日本語を見極めよう

日本語では主語が省略され，話題中心に文を組み立てている側面があります。冒頭の例文では「赤ちゃんについて，重くて大変じゃないですか？」と心配していることが真の意味ですが，「重くないですか？」という話題だけが示されているので，重いのが誰なのか，表面的にわかりにくくなっています。英訳する時は，「主語は何なのか？」，「述語は何なのか」ということを見極めることが大切です。

Section 1　主　語

4　「～は（が）…にあります」,「…に～があります」は主語に注意

> あなたの携帯電話は机の上にあります。
> ×　There is your cell phone on the desk.
> ○　Your cell phone is on the desk.

英語モードの考え方

〈There + be 動詞 + 主語 + 場所〉は,「～は…にあります」,「…に～があります」という意味です。しかし,この形式における主語は, a cell phone「（誰のものかは知らないけれど,ある）1 台の携帯電話」のように,不特定な名詞（不定冠詞 + 名詞）でなければなりません（There is a cell phone on the desk.）。

代名詞の所有格（my, our, your, his, their など）や定冠詞（the）がつく（= 特定する）場合には〈主語 + be 動詞 + 場所〉という形式で表現します（Your [The] cell phone is on the desk.）。

しかし,〈Here + be 動詞 + 主語〉「～はここにあります」の場合には,特定・不特定の区別をする必要はありません。

Here is a key ring.「（誰のものかは知らないけれど）キーホルダーがここにあります」
Here is your [the] key ring.「あなたの [その] キーホルダーがここにあります」

Exercise 4

「～は…にあります」,「…に～があります」に注意して,英訳してみよう。

1. 私の車はあそこにあります。
2. 彼の大学は（彼の）家から近いところにあります。
3. 日本にはたくさんの山があります。
4. ここに君への誕生日プレゼントがあります。
5. アメリカには約 600 万マイルの道路,街路,そして幹線道路があります。

POINT!　「学校がない」の本当の意味は,「授業がない」ということ

「学校がない時,私は 10 時まで眠ります」は,どのように英訳したらいいでしょうか？
〈There + be 動詞 + 主語〉は物体の存在の有無を表す構文ですから, When there is no school, I sleep until 10 o'clock. と表現すると,「へぇー,日本には学校がないのか」などと勘違いされてしまいます。日本語の「学校がない」（日本語的発想）は,「授業がない」,「学校に行く必要がない」（英語的発想）ということですから,

　　When there is no class, I sleep until 10 o'clock.
　　または, When I do not have to go to school, I sleep until 10 o'clock.

と表現しなければなりません。日本語に引きずられないように注意し,英語モードで考えることが大切です。

5 「所有物」を「〜される」時は要注意！

> 私の祖母はその列車に乗っている間に鞄を盗まれました。
> ×　My grandmother was stolen her bag on the train.
> ○　My grandmother's bag was stolen on the train.

英語モードの考え方

「私の祖母は鞄を〜された」という日本語から考えると，「私の祖母」を主語，「鞄」を目的語にしたくなりますが，盗まれたものは「私の祖母」ではなく「私の祖母の鞄」ですから，英文では「私の祖母の鞄」が主語にならなければなりません。所有物を主語にするのがポイントです。

Exercise 5

受動態の主語に注意して，×マークの英文の誤りを直してみよう。

1. 健二はその強い風で野球帽を飛ばされた。
　　×　Kenji was blown off his baseball cap by the strong wind.
2. 私のおじはその火事で家を焼かれてしまいました。
　　×　My uncle was burned (down) his house in the fire.
3. 私のお金は何者かに奪われた。
　　×　My money was robbed by somebody.
　ヒント：「A（人）から B（物）を奪う」rob A of B（A＝人，B＝物）
4. 友彦はバックを盗まれた。
　　×　Tomohiko was stolen his bag.

POINT!　「体の一部」を「〜される」時も注意

① **hit**
- 「私の息子はあの背の高い男に顔を殴られました」
　　×　My son was hit the face by that tall man.
　　○　My son was hit in the face by that tall man.
- 「彼は野球ボールを頭［目］にぶつけられました」
　　×　He was hit the head [eye] by a baseball.
　　○　He was hit in the head [eye] by a baseball.

② 〈**have**＋目的語＋過去分詞〉（プロ・専門家に「〜してもらう」場合）
- 「私はその歯医者で歯を抜かれました（＝歯を抜いてもらいました）」
　　×　I was pulled out my tooth at the dentist.
　　○　I had my tooth pulled out at the dentist.

6 Useful Information

■「～が多い」,「～がほとんど (い) ない」の表し方

many「多い」, few「ほとんど～ない」は数えられる名詞（可算名詞＝s をつける名詞）に使い, much「多い」, little「ほとんど～ない」は数えられない名詞（不可算名詞＝s をつけない名詞）に使うと習ったことはありますね（→ p.24）。しかし, 日本語に引きずられて以下のように表現すると誤りになります。

> 1. 私の大学には留学生が多い。
>   × At my university, international students are many.
> 2. 大都市に野犬はほとんどいない。
>   × Wild dogs are few in big cities.
> 3. その店内には家具が多い。
>   × Furniture is much in that shop.
> 4. その井戸の中には水がほとんどない。
>   × Water is little in the well.

「～が多い」,「～がほとんど (い) ない」と表現する場合には,〈There + be 動詞 + 主語〉という形式を用いなければなりません。上の英文 1～4 はそれぞれ以下 ①～④ の形式で表現します。

① 〈There are many ＋ 数えられる名詞の複数形〉
② 〈There are few　＋ 数えられる名詞の複数形〉
③ 〈There is a lot of ＋ 数えられない名詞〉（much は通例否定文・疑問文で使用）
④ 〈There is little　＋ 数えられない名詞〉

したがって正しい英文は以下のようになります。

1. ○ There are many international students at my university.
2. ○ There are few wild dogs in big cities.
3. ○ There is a lot of furniture in that shop.
   ［参考］ We do not have much time.「私たちはあまり時間がありません」（否定文）
          Did you drink much Coke when you were young?「若い頃, コカコーラをたくさん飲みましたか」（疑問文）
4. ○ There is little water in the well.

Section 2　動　詞

1　アクション動詞できびきびと

> このチョコレートケーキはおいしいです。
> ○　This chocolate cake is good.
> ◎　This chocolate cake tastes good.

英語モードの考え方

英語は「〜だ」,「〜です」という情景描写より,行動（アクション）描写を好む言語です。上記の2文は両方とも「〜だ」,「〜です」という状態・状況を表すbe動詞の代わりに,行動を表すアクション動詞を使うと,「躍動感」が出て英語らしい表現になります。

Exercise 1

be動詞を使わない表現に直してみましょう。

1. 私は銀行員です。
   I am a bank clerk.
   発想のヒント：「銀行員です」を「銀行で働いています」と考えよう。

2. 私はXYZ大学の学生です。
   I am a student at XYZ University.
   発想のヒント：「XYZ大学の学生です」を「XYZ大学に通学しています」と考えよう。

3. 真夜中に大きな物音がしました。
   There was a loud noise at midnight.
   発想のヒント：「物音がしました」を「物音を聞きました」と考えよう。

4. 遠くに大きな船があります。
   There is a big ship in the distance.
   発想のヒント：「遠くに〜があります」を「遠くに〜を見ることができます」と考えよう。

POINT!　be動詞の代わりにアクション動詞を使おう

be動詞の代わりにアクション動詞を使うと,表現にきびきびとした「躍動感」が生まれます。

　　○　I was absent from work because I was sick yesterday.
→◎　I did not go to work because I did not feel well yesterday.
　　　「昨日は気分がすぐれなかったので,仕事に行きませんでした」

　　○　The movie was interesting.
→◎　I enjoyed the movie.
　　　「私はその映画を楽しみました」

Section 2 動 詞

2 自動詞と他動詞を区別しよう

> その問題について話し合わなければなりません。
> ×　We must discuss about the problem.
> ○　We must discuss the problem.

英語モードの考え方

　日本語訳に「～について話し合う」とあると，discuss about と書きたくなります。しかし，その前に discuss が自動詞か他動詞かを見極める必要があります。自動詞であれば about などの前置詞が必要で，他動詞であれば目的語が続きます。日本語に引きずられて，間違えてしまいやすい動詞に注意しましょう（→ p. 13）。

Exercise 2

自動詞と他動詞に注意して，英訳してみよう。

1. それについては言わないでください。
　　ヒント:「～について言う」は，mention about ～ か mention ～ か。

2. 彼女は私の手紙に返事をしてくれません。
　　ヒント:「～に返事をする」は，reply to ～ か reply ～ か。

3. 上司の命令に従わなければなりません。
　　ヒント:「～に従う」は，obey to ～ か obey ～ か。

4. その夫婦はお金のことで言い争いをしました。
　　ヒント:「～で言い争う」は，argue about ～ か argue ～ か。

5. 8 時までに駅に到着していてください。
　　ヒント:「～に到着して」は，reach to か reach か。

★私の心に残る言葉★

True friends are like diamonds, and they are precious and rare.
「真の友とはダイヤモンドのようなもので，貴重でしかも希な存在です」

　困難な状況に置かれている時，躊躇なく救いの手を差し伸べてくれる人，身を乗り出して勇気を与えてくれる人こそ真の友と言えそうです。
　参考: A friend in need is a friend indeed.「[諺] 困った時の友こそ真の友」

9

3 能動態でストレートに

> 授業の後，教室に残るように先生に言われました。
> △ I was told by my teacher to stay in the classroom after class.
> ○ My teacher told me to stay in the classroom after class.

英語モードの考え方

日本語の受動態をそのまま英語に直すと，英語としては不自然な表現になることがあります。日本語では受動態であっても，英語では能動態で表現すると，より英語らしい文章になるケースがありますので，注意してください（→ p. 36）。

Exercise 3

受動態ではなく，能動態で書いてみよう。

1. この前おばさんが来た時，私はたくさんのお小遣いをもらいました。
   △ I was given a lot of money from my aunt when she visited me last time.

2. 僕はきのう東京駅で外国人に話しかけられました。
   △ I was spoken to by a foreigner at Tokyo Station yesterday.

3. この会社で働き始める前に，この会社のことをいろいろ聞かされました。
   × Before I began to work at this company, I was heard about it a lot.

4. 今朝出勤途中で，カラスに鳴かれていやな気分になりました。
   × This morning on my way to work, I was cawed around by many crows, and I was put into a bad mood.

5. 中山道は昔から多くの人々に歩かれ，今では国道となっています。
   × Nakasendo was walked by many people, and it has become a national highway.

POINT! 自動詞の受動態は英語モードではない

日本語と受動態は相性がいいので，「〜られる」という表現が数多く使われます。英語の受動態は，原則，動詞が他動詞（目的語をとる動詞）の場合に作ることができます。したがって，speak, hear, caw, walk などの自動詞（目的語をとらない動詞）を使った受動態は，多くの場合，問題を含んだ英文となります（Exercise の 2 の△マークの英文は不自然，3, 4, 5 の×マークの英文は誤り）。

4 「〜ています」は現在進行形とは限らない

> この箱には部品が入っています。
> × This box is containing small parts.
> ○ This box contains small parts.

英語モードの考え方

日本語の「〜ています」(「〜ている」)に引きずられることなく，現在まさに進行中の出来事を表しているのかどうかを見極めてください。現在進行中のことであれば現在進行形で表しますが，「状態」を表している場合には現在進行形にしません。

Exercise 4

「〜ています」に注意して，英訳してみよう。

1. この話は4部構成になっています。
   発想のヒント：「〜になっています」を「〜から成っています」(consist of 〜(自動詞＋前置詞))と考えよう。

2. 彼の尽力には大変感謝しています。

3. 私はコーラス部に所属しています。
   ヒント：「所属している」belong to 〜(自動詞＋前置詞)

4. 私はその場所をとてもよく知っています。

POINT!　動詞でも〈ドウシテモ〉進行形にならないもの → それは「状態動詞」

1. 「含有」: consist of「〜から成る」, contain「〜が入っている」, include「〜を含んでいる」
2. 「感情」: appreciate「〜に感謝する」, dislike「〜を嫌っている」, envy「〜をうらやんでいる」, fear「〜を恐れている」, like「〜を好んでいる」, love「〜を愛している」
3. 「所属」,「所有」: belong to「〜に所属している」, have「〜を持っている」(「〜を食べる」の意味であれば進行形可能), own「〜を所有している」, possess「〜を持っている」, resemble「〜に似ている」
4. 「認知」: know「〜を知っている」, believe「〜を信じている」, remember「〜を覚えている」
5. 「五感動詞」: feel「〜を感じている」, hear「〜が聞こえている」, see「〜が目に見えている」, smell「〜なにおいがしている」(「〜のにおいをかぐ」の意味であれば進行形可能), taste「〜な味がしている」

5 習慣・一般的事実は現在形で

> 父は毎朝 30 分ジョギングをしています。
> × My father is jogging for 30 minutes every morning.
> ○ My father jogs for 30 minutes every morning.

英語モードの考え方

毎日習慣にしていること，過去・現在・未来を通じて変わらない一般的事実を表す場合は，現在進行形ではなく現在形で表します。

《習慣・一般的事実》　I write a letter every day.　「毎日手紙を書いています」
　　　　　　　　　　The earth goes around the sun.
　　　　　　　　　　　　　　　　　　　　　　「地球は太陽の周りを公転しています」
《一時的な行動》　　　I am writing a letter now.　「今手紙を書いています」

Exercise 5

「~ています」に注意して，英訳してみよう。

1. 私は歩いて会社へ通勤しています。
   ヒント：「会社」office

2. 僕は彼女にあこがれています。

3. 母親というものは子どもが丈夫に育つことを望んでいます。
   ヒント：「丈夫に」in good health

4. 私の夫は，日曜日にはいつも夕食を作っています。
   発想のヒント：「日曜日にはいつも」を「毎週日曜日」と考えよう。

POINT!　現在進行中のことか，習慣的なことかを見極める

日本語で「~ています」とあったら，現在，一時的に進行中のことなのか，反復的に繰り返されている習慣を意味しているのかを見極める必要があります。

次の例を見てみましょう。

① "Where is John?"「ジョンはどこですか?」
　"He is playing tennis with his friend at the tennis court now."
　「彼なら今，友人とテニスコートでテニスをしています」
② I play tennis every Sunday.
　「私は毎週日曜日にテニスをしています」

①は今の時点のことを表しているので「現在進行形」で表します。②は習慣的な行為に関する説明です。今，目の前で起こっている進行中の出来事ではありませんので，「現在形」で表します。

6 Useful Information

■ 間違えやすい自動詞と他動詞

　自動詞を他動詞のように扱い，反対に他動詞を自動詞のように扱ってしまう日本人は少なくありません。以下に間違いやすい例を挙げておきますので，自動詞と他動詞の用法を再確認しましょう。

★他動詞と間違えやすい自動詞ベスト16！（自動詞の後は前置詞が続く）

×	apologize him「彼に謝る」	→ apologize to him
×	argue the problem「その問題について言い争う」	→ argue about the problem
×	arrive the station「その駅に着く」	→ arrive at the station
×	belong the sumo club「相撲部に所属している」	→ belong to the sumo club
×	depend my father「父に頼る」	→ depend on my father
×	get the station「その駅に着く」	→ get to the station
×	graduate high school「高校を卒業する」	→ graduate from high school
×	look my eraser「自分の消しゴムを探す」	→ look for my eraser
×	major economics「経済学を専攻する」	→ major in economics
×	march the Keyaki street「けやき通りを行進する」	→ march through the Keyaki street
×	reply the letter「その手紙に対する返事をする」	→ reply to the letter
×	start the line「その線からスタートする」	→ start from the line
×	succeed business「ビジネスで成功する」	→ succeed in business
×	talk my teacher「私の先生に話しかける［と話す］」	→ talk to [with] my teacher
×	wait my mother「私の母を待つ」	→ wait for my mother
×	walk the middle of the road「その道路の中央を歩く」	→ walk in the middle of the road

★自動詞と間違えやすい他動詞ベスト10！（他動詞の後は前置詞が続かない）

×	approach to the town「その町に近づく」	→ approach the town
×	attend to the class「その授業に出席する」	→ attend the class
×	discuss about the problem「その問題について議論する」	→ discuss the problem
×	enter into the room「その部屋の中に入る」	→ enter the room
×	follow after her mother「彼女の母親の後を追う」	→ follow her mother
×	leave from home「家から出る」	→ leave home
×	mention about that「それについて言及する」	→ mention that
×	obey to the order「その命令に従う」	→ obey the order
×	reach to the station「その駅に着く」	→ reach the station
×	resemble to my father「私の父に似ている」	→ resemble my father

Section 3　形容詞 (1)

1　「させる」か「させられる」か (-ing 形 / -ed 形)

> その映画はとてもおもしろかった。いくつかの場面でとても興奮した。
> ×　The movie was very exciting. I was really exciting at some of the scenes.
> ○　The movie was very exciting. I was really excited at some of the scenes.

英語モードの考え方

　英語の形容詞の中には，他動詞から派生した現在分詞 (-ing 形) や過去分詞 (-ed 形) が数多くあります。exciting「(人を) 興奮させる (＝おもしろい)」/ excited「興奮させられる (＝興奮している)」，boring「(人を) 退屈させる (＝退屈な)」/ bored「退屈させられる (＝退屈している)」。日本語ではこの区別が必ずしも明確ではありませんが，英語では「させる」のか，「させられる」のかという区別がはっきりしています (→ p. 19)。

Exercise 1

「させる」，「させられる」に注意して，英訳してみよう。

1. 私の上司は退屈な人だ。奥さんもさぞかし彼に退屈しているに違いない。

2. そのオファーには大変興味を持っています。興味深いオファーをいただきましてありがたく思います。

3. あの映画には，がっかりだった。子どもたちもがっかりしているようだった。

POINT!　exciting と excited の使い分け

　exciting は excite (他動詞)「(人) を興奮させる」の現在分詞形です。一方，excited は過去分詞形で，「(何かによって) 興奮させられる」という受動態の意味を持っています。つまり，「させる」のは -ing 形，「させられる」のは -ed 形となります。
　上記の分詞は名詞を修飾することもあります (→ p. 18)。

- 「それは興奮させる映画でした」
  It was an <u>exciting</u> movie.　　　　(興奮 [ワクワク] させる映画)
- 「私は興奮させられた観客のひとりでした」
  I was one of the <u>excited</u> spectators.　(興奮 [ワクワク] している観客)

2 形容詞の2つの用法

> 彼はひとりっ子です。
> × He is an alone child.
> ○ He is an only child.

英語モードの考え方

英語の形容詞は大きく分けると，a beautiful woman「美しい女性」のように，形容詞を名詞の前に置いて名詞の特徴・状態を説明する「限定用法」と，The woman is beautiful.「その女性は美しい」のように，形容詞を be 動詞の後に置いて，主語となっている名詞の特徴・状態を説明する「叙述用法」の2つがあります。多くの形容詞は両方の用法で使えますが，いずれかの用法でしか使えないものもありますので，注意が必要です。

Exercise 2

限定用法と叙述用法に注意して，×マークの英文の誤りを直してみよう。

1. その時，家にはお母さんひとりだけでした。
    × My mother was alone one in the house at that time.

2. その眠っている赤ちゃんを起こしてはいけません。
    × Do not wake up the asleep baby.

3. 彼は私より年上です。
    × He is elder than I am [me].

4. それで全部です。
    × That is total.

POINT! 「限定用法」と「叙述用法」

英語の形容詞は，「限定用法」，「叙述用法」のいずれかでしか使えないもの，また，用法によって意味の異なるものがあります。

- 主に限定用法で使う形容詞
  daily「毎日の」, elder「年上の」, former「前の」, latter「後の」, living「生きている」, lone「ひとりの」, main「主な」, mere「単なる」, only「唯一の」, total「全部の」など。
- 主に叙述用法で使う形容詞
  afraid「恐れて」, alive「生きて」, alone「ひとりで」, asleep「眠って」, awake「目覚めて」, aware「気がついて」, content「満足して」, glad「喜んで」など。
- 限定用法と叙述用法で意味が異なる形容詞
  late: the late news「最近のニュース」 She is late.「彼女は遅い」
  right: the right arm「右腕」 You are right.「あなたは正しい」

3 形容詞の主語に気をつけよう

> あなたは10時に都合がつきますか？
> × Are you convenient at ten o'clock?
> ○ Is ten o'clock convenient for you?

英語モードの考え方

人を主語にしない形容詞（(in)convenient, hard, (un)necessary）がある（→ p.17）一方で，人を主語にする形容詞（glad, happy, sorry）もあります（→ p.21）ので，両形容詞の使い分けが必要です（Point 参照）。

Exercise 3

形容詞の使い方に注意して，×マークの英文の誤りを直してみよう。

1. 良い就職先があまりないので，今年の卒業生は就職活動において大変な思いをしています。（hard は人を主語にできるかどうかを考える）
   × This year's graduates in their job hunting are hard because there are not many good jobs available.

2. あなたはその仕事を完成させる必要があります。（necessary は人を主語にできるかどうかを考える）
   × You are necessary to finish that work.

3. ここに来ることはあなたにとって不都合ですか？
   × Are you inconvenient to come here?

4. あなたに再びお会いできてうれしく思います。
   × It is happy to see you again.

POINT! 「人」を主語にする / しない形容詞

形容詞の中には，「人」を主語にしないものがあります（→ p.17）。例えば (in)convenient は「都合がよい / 悪い」という意味ですが，「人」を主語にして，Are you convenient...? とは言えません。冒頭例文のように，「物・事柄」を主語にするか，あるいは〈It is (in)convenient for ＋人＋to 不定詞〉という形で表現しなければなりません。一方，glad, happy, sorry のように，人の感情を表す形容詞は，「人」を主語にすることができます（→ p.21）。

Section 3　形容詞（1）

4　人を主語にしない形容詞

> この深い川で泳ぐと危険です。
> ×　You are dangerous to swim in this deep river.
> ×　You are dangerous if you swim in this deep river.
> ○　It is dangerous for you to swim in this deep river.

英語モードの考え方

3 の (in)convenient, hard, (un)necessary 同様，dangerous, easy, difficult, (im)possible も普通，人を主語にしません。これらの形容詞の場合，〈It + be 動詞 + 形容詞 + for + 人 + to 不定詞〉という構文を用いて表現します。

Exercise 4

人を主語にしない形容詞に注意して，英訳してみよう。

1. 英語で書かれた本を読むことは，あなたには難しいことですか。

2. 私はこの問題を解決することができない。
   発想のヒント：「この問題を解決することは私にとって不可能なことです」と考えよう。

3. この急な階段を上ることは，私の祖父にとっては大変なことなのです。
   ヒント：「この急な階段を上る」go up these steep stairs

POINT!　「あぶない！」の英訳は？

「あぶない！」は You are dangerous. と表現するのでしょうか？　一見よさそうですが，これでは「お前は要注意人物だ」という意味となってしまいます。

正しくは Watch out と表現します。英語モードでは「（あぶないから）よく見ろ」と考えるわけです。段差のある所でつまずくことのないように，「足元にご注意ください」と言う時は，「足元をよく見てください」という発想から，Watch your step. と表現します。また，頭上に降下してくるボールに注意するように言う時は，Watch your head. と言います。

香港では電車とホームの隙間に注意してもらうために，乗降口である開閉ドアの窓に Mind the gap（過空隙），Step across carefully（要小心）と書かれています。

5 Useful Information ①

■ 現在分詞と過去分詞

現在分詞（-ing 形）と過去分詞（-ed 形）の使い分けを整理しておきましょう（→ p. 14）。

① 現在分詞＝する方　（能動態の意味）　　動詞の -ing 形
② 過去分詞＝される方（受動態の意味）　　動詞の -ed 形

この応用で，次のような〈分詞＋名詞〉を使った表現があります。

〈現在分詞＋名詞〉   〈過去分詞＋名詞〉
boiling water   「熱湯」   boiled egg   「ゆで卵」
freezing temperature 「凍えるような気温」   fried chicken   「フライドチキン」
crying baby   「泣いている赤ちゃん」 frozen food   「冷凍食品」
sleeping dog   「眠っている犬」   smoked salmon   「スモークサーモン」

また，burn の現在分詞・過去分詞の使い方に，注意しましょう。

- burning（現在分詞）「燃えている」，「燃えるような」
- burnt　（過去分詞）　①「焦げた」，②「やけどした」，③「燃やされた」，④「日焼けした」
  （burn の過去分詞を形容詞として使う場合は，burned ではなく burnt）

〈現在分詞＋名詞〉
　　a burning candle   「燃えているろうそく」
　　a burning desire   「（燃えるような）強い願望」
　　the burning airplane   「その炎上している飛行機」
　　the burning sun   「その燃えている太陽」
　　the burning tree   「その燃えている木」

〈過去分詞＋名詞〉
　　a piece of burnt toast（a burnt piece of toast も可）　「（1 枚の）焦げたトースト」
　　a piece of burnt paper（a burnt piece of paper も可）　「（1 枚の）焦げた紙切れ」
　　a burnt child   「やけどした子ども」
　　the burnt store   「その燃やされた店」
　　a sunbather's burnt skin 「日光浴者の日焼けした皮膚」

6 Useful Information ②
■ 他動詞から派生した形容詞ベスト20

　bore は「退屈させる」という意味の他動詞です。This textbook is boring.「この教科書は退屈だ」のように，能動態で使われる時の boring は「退屈させる」という意味の形容詞です。しかし，Readers are bored.「読者は退屈している」のように，受動態で使われる場合の bored は「退屈している」という意味の形容詞となります。このような形容詞化した他動詞は，日本語に惑わされ，混乱しやすいので注意しましょう（p. 14）。

-ing形「…させる」		-ed形「…している」	
amazing	「とても驚かせる」	amazed	「とても驚いている」
amusing	「おもしろがらせる」	amused	「おもしろがっている」
annoying	「いらいらさせる」	annoyed	「いらいらしている」
appalling	「ぞっとさせる」	appalled	「ぞっとしている」
astonishing	「とても驚かせる」	astonished	「とても驚いている」
boring	「退屈させる」	bored	「退屈している」
confusing	「混乱させる」	confused	「混乱している」
disappointing	「失望させる」	disappointed	「失望している」
embarrassing	「当惑させる」	embarrassed	「当惑している」
exciting	「興奮させる」	excited	「興奮している」
frightening	「怖がらせる」	frightened	「怖がっている」
interesting	「興味を持たせる」	interested	「興味を持っている」
irritating	「いらいらさせる」	irritated	「いらいらしている」
pleasing	「喜ばせる」	pleased	「喜んでいる」
satisfying	「満足させる」	satisfied	「満足している」
shocking	「衝撃的な」	shocked	「衝撃を受けている」
stunning	「とても驚かせる」	stunned	「とても驚いている」
surprising	「驚かせる」	surprised	「驚いている」
terrifying	「怖がらせる」	terrified	「怖がっている」
tiring	「疲れさせる」	tired	「疲れている」

Exercise 5

それぞれ対応する形容詞を使って，例文を作ってみましょう。

Section 4 形容詞（2）

1 人を主語にしない形容詞—probable

十中八九，謙はビジネスで成功することでしょう。
× Ken will be probable to succeed in business.
× It is probable for Ken to succeed in business.
○ It is probable that Ken will succeed in business.
○ Ken will probably succeed in business.

英語モードの考え方

probable は人を主語にしない形容詞で，〈It is probable + that 節〉という形式でのみ使われます（→ p. 25）。また，この構文は probable の副詞形 probably を使って表現することもできます（probable（形容詞）「まず確実にありそうな，～しそうな」，probably（副詞）「まず確実に，十中八九は」（→ p. 25））。

Exercise 1

probable と probably を使って，各問 2 通りの英文を書いてみよう。
1. まず確実に，そのカメラマンは普段より早くここに来るでしょう。

2. 母のダイエットは十中八九，続かないでしょう。

3. 私は大学卒業後，十中八九，銀行業界で働くことでしょう。

POINT! 「明日は雨が降る可能性があります」の英訳

「明日は雨が降る可能性があります」の英訳として正しい表現を下から選びなさい。
① It is possible to rain tomorrow.
② It is possible for it to rain tomorrow.
③ It is possible that it will rain tomorrow.

日本語の「～する可能性がある」という表現に引きずられて，①のように書いてしまう人が多いのですが不正解です。また，②の英文は，for に続く it を「天候を表す it」のつもりで表現しているのですが，これも誤りです。〈It is possible that 節〉という形式で表現されている③が正解となります（主節の It ＝形式主語，従属節の it ＝天候を表す it）。

また，ニュアンスの差はありますが，似た内容を probable, probably を使って，以下のように表現することもできます。

「明日はまず確実に雨が降るでしょう」
○ It is probable that it will rain tomorrow.
○ It will probably rain tomorrow.

Section 4　形容詞 (2)

2　人を主語にする形容詞—glad, happy, sorry

> 私はその大学の入試に合格できたことをうれしく思います。
> × It is happy for me to have passed the university entrance examination.
> × It is happy that I passed the university entrance examination.
> ○ I am happy to have passed the university entrance examination.

英語モードの考え方

人を主語にする形容詞，glad「うれしい」，happy「うれしい」，sorry「残念な，お気の毒な」は，〈人＋be 動詞＋形容詞＋to 不定詞〉という形式で表現します（→ p. 25）。

Exercise 2

happy, glad, sorry の用法に注意して，英訳してみよう。

1. 私のボーイフレンドは私に会えてとてもうれしがっていたわ。

2. 昨夜はあなたのコンサートに行けなくて残念でした。
   発想のヒント：「行けない」を「〜を見逃す」と考えよう。

3. 彼の事故のことをうかがいましたが，何ともお気の毒なことです。
   発想のヒント：「〜をうかがいましたが，何ともお気の毒なことです」を「〜を聞いてとても気の毒に思っています」と考えよう。

4. お目にかかれて光栄です。

5. あなたが困っている姿を見て，気の毒でなりません。

POINT!　達成感のニュアンス

「私はその大学の入試に合格できたことをうれしく思います」
① I am happy to have passed the university entrance examination.
② I am happy that I was able to pass the university entrance examination.

日本文に「できた」とありますが，to 不定詞の中に，達成感を表す気持ちが含まれているので，英語では普通①のように英訳します。しかし，努力を重ねた末の成果であったという達成感を特に強調したいのであれば，②のように表現することもできます。

3 glad, happy, sorry は that 節もとれる

> あなた方が来てくれたので、私たちはうれしく思っています。
> × It is glad for you to come.
> ○ We are glad that you have come.

英語モードの考え方

人を主語にする形容詞 glad, happy, sorry は、〈人 + be 動詞 + 形容詞 + that 節〉という形式で、表現することもできます（→ p. 25）。

Exercise 3

glad, happy, sorry の用法に注意して、英訳してみよう。

1. 嫌な同僚数人が香港支店に転勤してくれたので、とてもうれしい。
   ヒント：「嫌な同僚」unpleasant co-workers /「～に転勤する」be transferred to ～

2. 彼が事業に失敗してしまったことを残念に思っています。
   ヒント：「事業で失敗する」fail in business（自動詞 + 前置詞 + 名詞）

3. あなたの伯父様が亡くなられてしまったことは、実に残念です。
   ヒント：「亡くなる」pass away

4. 千鶴は父親がもうじき帰宅することを喜んでいます。

POINT! 〈It is happy that 節〉は誤り

「日本に住んでいる若者は、戦争を体験することがなくて幸せです」
① × It is happy that young people in Japan have not experienced a war.
② ○ It is fortunate that young people in Japan have not experienced a war.

この言葉は、内戦等を経験している国の人が漏らす感想としてよく聞かれます。①の英文は、日本文の語句にはうまく対応しています。しかし、happy は〈It + be 動詞 + happy + that 節〉という形式で表現することができません。形式主語である It を使って表現するのであれば、②のように fortunate を使わなければなりません。happy と fortunate は意味が似ていますが、表現形式が異なることに注意しましょう。

4 able と likely も主語に注意

> 1. 彼女は来られる。
>   ① × It is able that she comes.
>   ② ○ She is able to come.
> 2. 彼女は来そうだ。
>   ③ ○ She is likely to come.
>   ④ ○ It is likely that she will come.

英語モードの考え方

able「〜できる」と likely「〜しそうだ」は，どちらも人を主語にする形容詞です（②，③）。そして，able は〈It + be 動詞 + able + that 節〉という形式で表現できません（①）が，likely は〈It + be 動詞 + likely + that 節〉という形式で表現することができます（④）。

また，able, likely はともに，to 不定詞を使った形式主語構文〈It + be 動詞 + able/likely to + 不定詞〉で，表現することができません（×It is able/likely for her to come）（→ p. 25）。

Exercise 4

able, likely の用法に注意して，英訳してみよう。

1. 彼が次の総理大臣になりそうです。(likely を使って 2 通りの英文を書く)

2. 若年ドライバーは交通事故を起こしやすい。(likely を使って 2 通りの英文を書く)
   ヒント：「交通事故を起こす」cause a traffic accident

3. 彼はその難しい質問に答えることができた。

POINT! 「雨が降りそうだ」

「雨が降りそうだ」の英訳として正しい表現を下から選びなさい。
① Rain is likely to fall.
② It is likely to rain.
③ It is likely that it will rain.

likely は人，あるいは It（形式主語）を主語とする形容詞ですから，①の英文は×となります。③は 2 種類の it（主節の It ＝形式主語，従属節の it ＝天候の it）がややこしく使われている表現ですから△です。文法的な条件は満たしているのですが，不自然な英語となります。②の英文が正解となります。likely は普通，人，あるいは It（形式主語）を主語にする形容詞なのですが，天候を示す It の場合だけは例外で，天候の It を主語とすることができます。

5 Useful Information ①

■「数えられる名詞」（可算名詞）と「数えられない名詞」（不可算名詞）

「数えられる名詞」（可算名詞）と「数えられない名詞」（不可算名詞）の区別を誤ってしまいやすい単語を以下に挙げておきます。整理して覚えておきましょう。

★数えられる名詞（可算名詞） （-s をつける名詞）		★数えられない名詞（不可算名詞） （-s をつけない名詞）
bags「バッグ」	⇔	baggage「手荷物」
sweaters「セーター」, underpants「ズボン」（米）[pants（英）]	⇔	clothing「衣類」
computers「コンピューター」, printers「印刷機」	⇔	equipment「装置」
novels「小説」, stories「物語」	⇔	fiction「フィクション」
vegetables「野菜」, carrots「にんじん」	⇔	food「食物」
apples「りんご」, oranges「オレンジ」	⇔	fruit「果物」
tables「テーブル」, chairs「椅子」	⇔	furniture「家具」
exercises「練習問題」, assignments「宿題」	⇔	homework「宿題」
rings「指輪」, earings「イヤリング」	⇔	jewelry「宝石」
washing machines「洗濯機」, engines「エンジン」	⇔	machinery「機械類」
packages「小包」（米）[parcels（英）], postcards「葉書」	⇔	mail「郵便」
bills（米）「紙幣」[bank notes（英）], coins「硬貨」	⇔	money「お金」
words「単語」, phrases「句」	⇔	vocabulary「語彙」
tasks, labors「仕事」, duties「義務」	⇔	work「仕事」

Exercise 5

上の例のように，「数えられる名詞」と「数えられない名詞」のペアを5つ作りなさい。

Section 4 形容詞 (2)

6 Useful Information ②

■「人を主語にする形容詞」と「人を主語にしない形容詞」のまとめ

「人を主語にする」,「人を主語にしない」という使い分けに注意が必要な形容詞を以下にまとめておきます。

形容詞	人を主語にする		人を主語にしない（主語は形式主語 It）	
	不定詞	that 節	形式主語不定詞	形式主語 that 節
(in)convenient	×	×	○	×
dangerous	×	×	○	○
easy ⇔ difficult	×	×	○	×
hard	×	×	○	×
(un)necessary	×	×	○	○
(im)possible	×	×	○	○
probable	×	×	×	○
glad	○	○	×	×
happy	○	○	×	×
sorry	○	○	×	×
(un)fortunate	○	○	×	○
able	○	×	×	×
likely	○	×	×	○

■ 予想を表す語のニュアンス

日本語の「多分」という表現は，予想確率の高低をあまり意識することなく，さまざまな文脈で使える言葉です。しかし，probable (probably), likely, perhaps, possible は，予想確率の高低によって，使い分けられています。これらの単語は，日本語では「多分」と訳されてしまうことが多いのですが，ニュアンスの違いは把握しておくべきでしょう。

probable	形容詞	予想確率 70%〜90% 位	「まず確実にありそうな」
probably	副詞	予想確率 70%〜90% 位	「ほぼ確実に」,「十中八九」
likely	形容詞	予想確率 50%〜80% 位	「〜しそうな」
perhaps	副詞	予想確率 50% 未満	「ことによると」
possible	形容詞	予想確率 50% 未満	「あり得る」

Section 5　副　詞

1　名詞を修飾する時は〈almost all＋名詞〉

> ほとんどの人が僕の案に賛成しました。
> ×　Almost people agreed with my plan.
> ○　Most people agreed with my plan.
> ○　Almost all the people agreed with my plan.

英語モードの考え方

almost は副詞なので，名詞を修飾することができません。したがって，「ほとんどの」と表現する時は，形容詞の most「ほとんどの，たいていの」を使います。「ほとんどすべての」という意味であれば，〈almost all＋名詞(句)〉という表現を使います。

Exercise 1

most, almost all の用法に注意して，英訳してみよう。

1. 僕のクラスのほとんどすべての生徒は，そのサマーキャンプに行きます。

2. ほとんどのアメリカ人は『オズの魔法使い』という映画を見たことがあります。
   ヒント：『オズの魔法使い』*The Wizard of Oz*

3. たいていの人々は，最も短い答えとは行動することなのだということを知らないものです。

4. 私の学校のほとんどすべての学生は，携帯電話かスマートフォンのいずれかを持っています。

POINT!　動詞を修飾する almost

almost が動詞を修飾すると，「もう少しで〜するところ」，「危うく〜するところ」という意味となります。

- I have almost finished my homework.
  「もう少しで宿題が終わるところです」
- He almost died.
  「彼は危うく死ぬところでした」
- When the U.S. Air Force carried out a bombing of the city of Himeji, Himeji castle was almost burned down.
  「アメリカ空軍が姫路市を空爆した時，姫路城は危うく焼失するところでした」

2 「まだです」は Not yet.

> 昼食をとりましたか。— まだです。
> ×　Have you had lunch? — Yet.
> ○　Have you had lunch? — Not yet.

英語モードの考え方

日本語では「まだです」と言う場合，否定語を用いませんが，英語では「まだ〜していない」という発想から，Not yet. と表現します。

反対に，日本語では「〜(し)ないうちに」と否定語を用いるものの，英語では否定語を用いない場合もあります。

「私は受信したEメールに対しては，忘れないうちに返信をするように習慣づけています」
I make it a habit to reply to any incoming e-mail before I forget to reply to it.
(「忘れないうちに」を「忘れる前に」と発想する)

Exercise 2

「まだです」，「〜ないうちに」に注意して，英訳してみよう。

1. 自分の仕事はもう終わりましたか。— いいえ，まだです。
   発想のヒント:「自分の」を「あなたの」と考えよう。

2. 忘れないうちに，宿題をしてしまいなさい。

3. 暗くならないうちに，家に帰りなさい。

4. もうそのコンサートのチケットを買いましたか。
   — いいえ，まだです。

POINT!　yet と yes の発音に気をつけよう

Did you finish answering the questions on page 90?「90ページの問題を解き終わりましたか」と尋ねられ，「まだです」のつもりで，Yet. と答えてしまう日本人は少なくありません。

日本人は /t/ の音を歯切れよく破裂させて発音しない傾向があります。また，吐く息の量が英語母語話者と比べて少ない傾向にもあります。英語を母語とする教師には，そのように発音された Yet. が Yes. あるいは Year. と聞こえてしまい，「はい，それでは答えてみなさい」と，予期せぬ展開を招いてしまうことがあります。気をつけましょう。

3 3つの「まだ」を区別しよう

> その赤ちゃんはまだ眠っています。
> ×　The baby is yet asleep.
> ○　The baby is still asleep.

英語モードの考え方

日本語の「まだ」はおおむね3つの意味に分かれています。①「まだ〜していない（＝not 〜 yet）」（→ p. 27），②「今（で）もまだ，さらにまだ（＝still）」，③「今までのところまだ〜ない（＝not 〜 so far）」。①と③は現在完了形でよく使われます。

Exercise 3

「まだ」に注意して，英訳してみよう。

1. 私の上司である星野さんはまだ病院にいる。
　　ヒント：「病院にいる」be in the hospital（米），be in hospital（英）

2. あの山のふもとにあるその村に着くまでには，さらにまだ5キロはあります。
　　ヒント：「あの山のふもとにあるその村」the village at the foot of that mountain

3. 歴史の宿題はもう終わりましたか。— いいえ，まだです。

4. 今までのところ，重大なことはまだ何も起こっていない。

5. 私はまだ勉強しなければならない。

POINT!　still の位置

stillは普通，一般動詞の前，be動詞・助動詞の後に置きます。
- 「私の上司が優柔不断なために，そのすばらしいビジネスプランはいまだに実行段階に至っていない」
Because my boss is indecisive, that good business plan has still not come into effect.

4 「最近」は recently か nowadays か

> 最近、スマートフォンが大人気です。
> × Recently, smart phones are very popular.
> ○ Nowadays, smart phones are very popular.

英語モードの考え方

recently は「（近い過去のある時をさして）最近」，「ついこの間」という意味で，主に過去形で使われます（Recently I read a good book「最近，良書を読みました」）。一方，nowadays は「（昔と違って）最近は」，「近頃では」という意味で，主に現在形で使われます（過去と対比する文脈で使用。these days はややくだけた表現）。recently, nowadays はともに文頭・文尾などで使用することができます。

Exercise 4

recently, nowadays の用法に注意して，英訳してみよう。

1. 私は最近アメリカ人の友人からeメールで便りをもらいました。
   ヒント：「〜から便りをもらう」hear from

2. 最近では，あらたまった文書を作成する時，私たちはパソコンを使います。
   ヒント：「あらたまった文書」a formal document

3. 最近，私は虫歯を抜きました。
   発想のヒント：「虫歯を抜きました」を「虫歯を抜いてもらった」と考えよう（→ p.6）。

4. 最近の若者は従来の紙の辞書ではなく，電子辞書を使う傾向にある。
   発想のヒント：「最近の若者は」を「最近，若者は」と考えよう。

POINT! もう1つの「最近」

ややくだけた表現ではありますが，現在完了（進行）形でよく使われる「最近」は lately となります。

- 「最近，私は彼氏と話していません」
  Lately, I have not talked with my boyfriend.　　　（現在完了形）
- 「最近，私は転職を考えています」
  Lately, I have been thinking about changing jobs.　　　（現在完了進行形）

[参考]
- 「最近，デジタルカメラが流行っています」
  Nowadays, digital cameras are popular.　　　（現在形）
- 「最近，私の家族は大阪から群馬に引っ越してきました」
  Recently, my family moved to Gunma from Osaka.　　　（過去形）

5 「～後」は〈～ later〉と〈in ～〉を区別する

> 3か月後にまた会いましょう。
> × I will see you again three months later.
> ○ I will see you again in three months.

英語モードの考え方

英語で「3か月後」と表現する場合は，いつの時点から「3か月後」であるのかを考えなければなりません。基準点を現在とし「今から3か月後」という意味であれば〈in three months〉と表現します。一方，基準点を過去とし「過去の時点から3か月後」という意味であれば，〈three months later〉と表現します。簡単に言えば，現在・未来形ならば in，過去形ならば later ということになります。

Exercise 5

in, later の用法に注意して，英訳してみよう。

1. 父は私に祖母に電話しなさいと言いました。その1週間後，私は祖母に電話をかけました。
   ヒント：「人に～しなさいと言う」〈tell ＋人＋ to 不定詞〉

2. 2時間後に電話をかけ直してもよろしいでしょうか。

3. 私は1984年に小学校に通学し始めました。その1年後，映画『バック・トゥ・ザ・フューチャー』が日本の映画館で上映されました。

4. 1週間後に，入院中の同僚を見舞いに行くつもりです。
   ヒント：「～を見舞いに行く」visit ～ in the hospital

POINT!　基準点は現在，それとも過去？

「英語モードの考え方」で説明したように，日本語の「～後」という表現は，英語では2通りの表現に分かれます。〈in ～〉は現在を基準に，〈～ later〉は過去を基準に認識されているということを下の例文で再確認しましょう（～の部分には「時間の長さ」を示す表現が入ります）。

- 「夫はただ今，留守ですので，2時間後にもう一度電話をかけていただいてもよろしいでしょうか」
  My husband is not at home right now. Could you call back in two hours?
- 「英語の授業は終わりました。その2時間後，ワン先生は友人に電話をかけました」
  The English class was over. Dr. Wang called his friend two hours later.

6 「1週間後」は after a week と表現できるか

> 1週間後に,その病院にいる同僚に会うつもりです。
> ○ I will visit my colleague in the hospital after a week.
> ◎ I will visit my colleague in the hospital in a week.

英語モードの考え方

「1週間後」を after a week (after (=前置詞) + 時間の長さ) と表現しても誤りではありませんが,5 で説明したように in a week の方が自然な英語です。after は普通,① 〈after (=前置詞) + 出来事の日時〉「～を過ぎて」,「～の後に」,② 〈S + V after (=接続詞) S + V〉「～する後」(〈S + V〉は出来事を示す) という用法で使われます。予期せぬ勘違いを誘発しないため,また意味が曖昧な英文を書かないためにも,in を after で代用しないようにしましょう。

Exercise 6

in, later, after の用法に注意して,英訳してみよう。

1. 母は私に,宿題を済ませなさいと言いました。(そして) その2時間後に私は宿題を終えました。　ヒント:「人に～しなさいと言う」〈tell + 人 + to 不定詞〉

2. 正俊は12月25日を過ぎてから,自分の彼女にクリスマスプレゼントを買いました。

3. 3か月の東南アジア旅行が終わった後に,また会いましょう。
   ヒント:「東南アジア」Southeast Asia

4. 羽田空港発,札幌行 702 便は 30 分後に出発します。
   ヒント:「羽田空港発～出発します」be departing from Haneda Airport

POINT!　after what?

Pochi came home after three months.「ポチは3か月後に家に戻って来ました」は誤った英文ではありませんが,最適な表現というわけではありません。英語モードという観点から言えば,after の後には普通,① 出来事の日時,あるいは ② 〈S + V〉で表された出来事が続きます。
　つまり,英語母語話者は Pochi came home after まで読んだ時点で,次に after what? と考えます (「ポチは何の後 (何をした後) に家に戻って来たのか?」と考えるのです)。したがって,下のような英文が after の後には最適となります。

(1) Pochi came home after midnight. (①, after は前置詞)
    「午前0時過ぎに」
(2) Pochi came home after he enjoyed running freely. (②, after は接続詞)
    「自由に走ることを楽しんだ後に」

Section 6　助動詞

1　「できました」は could とは限らない

> 私はそのパーティーで楽しむことができました。
> ×　I could enjoy myself at the party.
> ○　I enjoyed myself at the party.

英語モードの考え方

「できました」の英訳は could とは限りません。「楽しむことができました」→「楽しみました」(他例:「楽しく過ごすことができました」→「楽しく過ごしました」,「合格できました」→「合格しました」)のように,事実の提示 (statement of fact) と解釈することが可能であれば (= 能力ではなく単なる事実提示で,ある場面で一度だけできたという意味であれば),could ではなく一般動詞の過去形を使います。

〔イメージ図　――――過去――→　〕　(→ p.33)

Exercise 1

「できました」に注意して,英訳してみよう。

1. ボックス先生は学生に催してもらったお別れ会で,楽しく過ごすことができました。
   ヒント:「楽しく過ごす」have a good time

2. 第一志望の大学に合格できました。
   ヒント:「第一志望の大学」my first-choice university

3. 昨日はジョンソン先生から,英語史についてたくさんのことを学ぶことができました。

4. 私は自転車旅行の最終目的地まで無事たどり着くことができました。

POINT!　〈be able to＋動詞の原形〉

「できない」という予想に反して「できた」ことや,努力の結果予想を覆して「できた」ことを特に強調したい場合には,〈be able to＋動詞の原形〉を使って表現します。

- I was able to enjoy myself at the party.
  「[楽しめないと思っていたけれど] 私はそのパーティーで楽しむことができました」
- I was able to pass the entrance examination of my first-choice university.
  「[合格できないと思っていたけれど,努力の末] 第一志望の大学に合格できました」

2 〈could＋"FRUSH" 動詞〉
(feel, remember, understand, see, hear)

> 彼の名前を思い出すことができました。
> ○　I could remember his name.
> ○　I remembered his name.

英語モードの考え方

1 では，「できました」を could を使わずに表現するケースについて説明しました。しかし，feel, remember, understand, see, hear という5つの他動詞に関しては，〈could あり〉，〈could なし〉の両表現が使えます。頭文字をとって "FRUSH" と覚えましょう。

Exercise 2

"FRUSH" 動詞に注意して，各問2通りの英文を書いてみよう（① could あり，② could なし）。

1. 私は昨日，虹を見ることができました。

2. 昨日は快晴だったので，東京から富士山を見ることができました。

3. 何年も会わなかったものの，私は彼女の顔を思い出すことができました。
   発想のヒント：「会わなかったものの」を「会わなかったけれども」と考えよう。

4. 私の座席は2階席でしたが，はっきりとその歌手の美しい歌声を聞くことができました。
   発想のヒント：「2階席でしたが」を「2階席だったけれども」と考えよう。

POINT!

1. remember, understand と feel, see, hear

　remember, understand は認識に関わるので「認識動詞」，feel, see, hear は知覚に関わるので「知覚動詞」と呼ばれます。

2. 過去の能力・技能を示す could

　could は過去の能力・技能を示すことがあります（「〜する能力があった」）。

● I could lift a 5-kilogram dumbbell with one hand when I was young.
　「若い頃私は片手で5キロのダンベルを持つことができました」

　過去にはいつでもあった能力・技能（しようと思った時には，いつでも「できた」能力・技能ということ）。

　〔イメージ図　──●──過去──●──→　〕　（→ p. 32）

3 〈"DROPS" 動詞 that S+V〉
(demand, require, order, propose, suggest)

> そのテロリストたちは我々に，その政治犯を釈放するよう要求しました。
> ×　The terrorists demanded that we would release the political prisoner.
> ○　The terrorists demanded that we [should] release the political prisoner.

英語モードの考え方

I think that she will have an arranged marriage. の think を過去形にすると，時制の一致が起きて，I thought that she would have an arranged marriage. となります。しかし，要求，提案，命令を表す他動詞，demand, require「〜を要求する」，order「〜を命令する」，propose, suggest「〜を提案する」（頭文字をとって DROPS「ドロップス」と覚えましょう）の that 節は主節の時制に関係なく，〈動詞の原形〉（アメリカ英語），または〈should＋動詞の原形〉（イギリス英語）となります。

Exercise 3

"DROPS" 動詞に注意して，英訳してみよう。

1. 紫外線から身を守るために，その市長は私たちにサングラスをかけ，帽子をかぶるよう呼びかけているところです。
   発想のヒント：「〜呼びかけているところです」を「〜提案しているところです」と考えよう。

2. この道路では，時速 40 キロ以下で走るよう交通法規で定められています。
   発想のヒント：「交通法規は私たちがこの道路で時速 40 キロ以下で運転することを求めている」と考えよう。

3. 最高裁判所は政府に 100 万円を支払うことを命じました。

POINT!　propose と suggest

● 「議会は消費税を上げないように提案しました」
The legislature proposed that the consumption tax [should] not be increased.
propose は公式に，そして積極的に「提案する」という印象を与える語です。suggest よりも強く進言するイメージを持つとよいでしょう。

● 「父は太宰治著『走れメロス』を読んではどうかと言いました」
My father suggested that I [should] read *Run, Melos*, which was written by Osamu Dazai.
（題名は普通イタリック体で表します）
suggest はやや控えめに「提案する」という印象を与える語です。「〜してはどうかと言う」という訳が適切な場合もよくあります。

Section 6　助動詞

4　助動詞の推量表現に要注意！

> 1. ジーンは病気に違いない。
> ○ Jean must be sick.
>
> 2. ジーンは病気であるはずがない。
> ○ Jean can't be sick.

英語モードの考え方

肯定文において，推量の確信度が高い場合は must（「～に違いない」）を使い，推量の確信度が低い場合には may, might, could（「～かもしれない」，「～だろう」）を使います。一方，否定文における推量表現は，以下の通りとなりますので注意してください。

must not　　　　　「～ないに違いない」（後ろに be 動詞が続く場合のみ。一般動詞が続く場合は「～してはいけない」という禁止の意味）

can not, could not　「～はずがない」

may not, might not　「～ないかもしれない」

Exercise 4

助動詞の推量表現に注意して，英訳してみよう。

1. メラニーは体調が悪いに違いありません。そうでなければ，彼女は今日，遅刻するわけはないでしょう。
   ヒント：「メラニー」Melanie

2. 僕は彼女にふられるかもしれない。
   発想のヒント：「彼女は僕から去るかもしれない」と考えよう。

POINT!　助動詞の予想確率

これらの助動詞のニュアンスは予想確率で理解しましょう（数字はおよそのもの）。

●肯定文：～です〔100%〕＞～に違いない〔95%〕＞～かもしれない〔50%以下〕
　予想確率が 100% の場合は be 動詞，95% の場合は must，50% 以下の場合は may, might, could を使います。

　　He is a good man.　　　　　　　　　　　「彼は立派な人です」
　　He must be a good man.　　　　　　　　「彼は立派な人に違いない」
　　He may [might/could] be a good man.　　「彼は立派な人なのかもしれない」

●否定文：～ではない〔100%〕＞～はずがない〔99%〕＞～ないに違いない〔95%〕＞～ないかもしれない〔50%以下〕
　予想確率が 100% の場合は〈be 動詞＋not〉，99% の場合は can not/cannot [could not]，95% の場合は must not，50% 以下の場合は may not, might not を使います。

　　He is not a good man.　　　　　　　　　　　　　「彼は立派な人ではない」
　　He can not [could not/cannot] be a good man.　　「彼が立派な人であるはずがない」
　　He must not be a good man.　　　　　　　　　　「彼が立派な人とは考えられない」
　　He may [might] not be a good man.　　　　　　　「彼は立派な人ではないのかもしれない」

5 Useful Information ①

■ 被害の受け身

　「妻に死なれた」,「どしゃぶりの雨に降られて, びしょぬれだ」,「電話を切られてしまった」,「庶民は貧困に苦しめられた」など, 日本語の「被害の受け身」と呼ばれる表現は, 多くの場合, 受動態で表わすことができません (die, rain, hang, suffer が自動詞のため)。(→ p. 10)

① 妻に死なれた。
　　× I was died by my wife.
　　○ My wife died.

② どしゃぶりの雨に降られてびしょぬれだ。
　　× I was rained heavily, and I got soaked.
　　○ It rained heavily, and I got soaked.

③ 電話を切られてしまった。
　　× I was hung up (by the caller).
　　○ The caller hung up on me.
　(hang up on + 人〔自動詞 + 副詞 + 前置詞〕「(一方的に) 人との電話を切る」)

④ 庶民は貧困に苦しめられた。
　　× Ordinary people were suffered by poverty.
　　○ Ordinary people suffered from poverty.
　(suffer from〔自動詞 + 前置詞〕「〜に苦しむ」)

　日本語に含まれている「被害の気持ち」や「情けなさ」が○マークの能動態では, なくなってしまうように思えますが, そのようなことはなく十分伝わっています。特に③の例文では, 前置詞の on がその「被害」や「情けなさ」を表していることに注目しましょう。

　逆に日本語では普通, 能動態で表すものの, 英語では受動態で表す方が普通という場合も多々あります。

⑤ その交通事故で5人が死にました。　　　　(←日本語的発想)
　Five people were killed in the traffic accident. (←英語的発想)

　一般的に事故, 殺人, 戦争など, 外部からの強い力が働いて「死ぬ」場合には, 事実上「殺された」ということなので〈be killed〉を使います。die は自然死や病死に使います。

⑥ 太郎がその窓へ向けて小石を投げ, そして窓ガラスが割れました。(←日本語的発想)
　Taro threw a small stone at the window, and the windowpane was broken. (←英語的発想)

　「窓ガラスが割れました」とは言っても, 窓ガラスが自然に割れたのではなく, 外部からの力が働いて「割られた」ということなので,〈be broken〉という受動態で表します。

6 Useful Information ②
■ 日本語・英語の差から来る日本人特有の誤り

　英語は主語と述語が明確な「主語―述語」型の言語ですが，日本語は韓国語と同じように「話題中心」に文章が作られる「話題―コメント」型の言語です（→ p.2）。

　私たち日本人が言語類型的に異なる英語を習得する際，次のような誤りをしてしまいがちです。思い当たる点はありませんか？

① 「～は…だ」
- 「たいていの日本人は黒髪だ」
    × Most Japanese are black hair.
    ○ Most Japanese people have black hair.

② 「抜き出し配置」（話題になっていることを前出しする）
- 「会議はね，毎週金曜日にあるんだ」
    × The staff meeting, it's every Friday.
    ○ We have a staff meeting every Friday.

③ 「～がある」
- 「4回の面接がある」
    △ There are four times of interviews.
    （文法的には正しいが普通，言わない。There are four interviews. なら可）
    ○ I will have four interviews.
    ○ We will have four interviews.
    ○ Interviews take place at four times.

④ 「並列」（動詞を使わず，並べる）
- 「次の面接は金曜日です」
    × Next interview, Friday.
    ○ I will have the next interview on Friday.
    ○ We will have the next interview on Friday.
    ○ The next interview will be held on Friday.

Section 7　時制（1）

1　現在と深いつながりがあれば現在完了形

> 野口英世は婚約を破棄したことがあります。
> × Hideyo Noguchi has broken off his engagement.
> ○ Hideyo Noguchi broke off his engagement.

英語モードの考え方

原則，故人に対しては過去形が使われます。「～したことがあります」という日本語に引きずられないように，注意してください。

Exercise 1

現在完了形と過去形に注意して，英訳してみよう。

1. ジョージ・ワシントンはボストンを訪れたことがあります。
   ヒント：George Washington

2. マーク・トウェインは，『トム・ソーヤの大冒険』，『ハックルベリー・フィンの大冒険』といった素晴らしい物語を数多く書き残しています。
   ヒント：Mark Twain

3. 伊藤博文はヨーロッパには行ったことがありますが，オーストラリアには行ったことがありません。

4. アメリカ出身のテニス選手ピート・サンプラスは，多くの四大大会タイトルを獲得しました。
   ヒント：Pete Sampras

POINT!　現在完了形と過去形の意味の違い

次の2つの英文（①と②）の違いを説明しなさい。
① I have known Greg for many years.
② I knew Greg for many years.

どちらも正しい英文ですが，意味において決定的な違いがあります。①はグレッグが存命中であることを示唆しています（「私はグレッグを長年知っている」）。一方，②はグレッグが過去の人，つまり故人であることを示唆しています（「私はグレッグを長年知っていた」）。

Section 7 時制（1）

2 「過去を示す表現」は現在完了形で使えない

> 2時間前に祖父は，庭の植木への水やりを終えました。
> × My grandfather has finished watering the plants in the garden two hours ago.
> ○ My grandfather finished watering the plants in the garden two hours ago.

英語モードの考え方

現在完了形の文中で，下線のような「過去を示す表現」(past time expressions) を使うことはできません。

「過去を示す表現」の例：
yesterday「昨日」，〜 ago「〜前」，at that time「その時に」，last 〜「昨〜，先〜」（例：last year「昨年」，last month「先月」），in + 年・月「〜年に，〜月に」，〈when + 過去形〉「〜した時」など。

Exercise 2

過去を示す表現に注意して，英訳してみよう。

1. 昨晩，妻と私はイタリアンレストランで夕食を食べました。その時，私はクレジットカードで支払いました。
   ヒント：「支払う」pay the bill

2. 私は3日前にジョンソン先生にレポートを提出しました。
   ヒント：「レポート」term paper（米），essay（英）

3. 日本と韓国は2002年にサッカーワールドカップを共催しました。
   ヒント：「〜を共催する」co-host（他動詞）/「サッカーワールドカップ」the FIFA World Cup Finals

4. 私は15歳の時に，望遠鏡で星の観察を始めました。

POINT! 過去形か現在完了形のどちらかを選択する

- 「私は数時間前に自分の仕事を終えました」
  × I have finished my work a few hours ago.

この英文は以下の方法で正しい英文にすることができます。

① ○ I finished my work a few hours ago.「私は数時間前に自分の仕事を終えました」[← a few hours ago を残して過去形にする]

② ○ I have finished my work.「私は自分の仕事を終えました」[← a few hours ago を削除して現在完了形を残す]

3 「過去を示す表現」がなければ，現在完了形と過去形はほぼ同義

> ビルは朝食を食べました。
> ◯ Bill has eaten breakfast.
> ◯ Bill ate breakfast.

英語モードの考え方

「過去を示す表現」(past time expressions) がなければ，現在完了形（完了・結果用法）と過去形の文はほぼ同じ意味で使われます。「過去を示す表現」はありませんが，文中の出来事は普通，遠い過去ではなく，ごく最近のものとして解釈されます。

Exercise 3

現在完了形と過去形を使って，各問2通りの英訳（① 現在完了形，② 過去形）を書いてみよう。

1. その新聞を読み終えましたか。
   ヒント：「〜するのを終える」〈finish + -ing 形〉

2. 今年はもう健康診断を受けましたか。
   ヒント：「健康診断」medical check-up

3. 私の祖母はそのオーブンでもうアップルパイを焼き終えてしまいました。
   ヒント：「そのオーブンで」in the oven

4. 君は禁煙しなければならないということを，私は君に何度も言いました。
   ヒント：「〜するのをやめる」〈give up + -ing 形〉

POINT! 〈already, yet〉と時制（現在完了形 vs. 過去形）

already「すでに」と yet「もう」（疑問文）は，現在完了形の完了・結果用法でよく使われる副詞です。アメリカ英語に限定される傾向にはありますが，過去形の文で already, yet を使っても誤りではありません。

- 「すでに彼女と会いましたか」
  - ◎ Have you already met her?
  - ◯ Did you already meet her? （アメリカ英語）
- 「もう宿題を終えましたか」
  - ◎ Have you finished your assignments yet?
  - ◯ Did you finish your assignments yet? （アメリカ英語）

Section 7 時制 (1)

4 1st action は過去完了形，2nd action は過去形

> クリストファーは授業に出る前に朝食を食べた。
> ×　Christopher ate breakfast before he goes to class.
> ○　Christopher had eaten breakfast before he went to class.

英語モードの考え方

　日本語では「授業に出る」と表現しますが，内容的には過去のことですから英語では，went to class（過去形）と表さなければなりません。また，行動の順序は「朝食を食べて」から「授業に出た」わけですから，「朝食を食べた」行為が 1st action（時間的に「前」に起こった出来事）[過去完了形]，「授業に出た」のが 2nd action（時間的に「後」に起こった出来事）[過去形] となります。

> 1st action　= Christopher had eaten
> 2nd action = he went to class
> 〔イメージ図〕　　had eaten　　　　　went
> 　　　　　　　●ーーーーーーーー●ーーーーーーーー→

　このように，過去完了形と過去形は 2 つの出来事の時間的な前後関係（時差）を表しており，1st action が過去完了形で，2nd action が過去形となります。

Exercise 4

　過去完了形と過去形に注意して，英訳してみよう。

1.　私たちがロバートの家に到着する前に，彼は家を出ていきました。（before を使って）

2.　胃薬を飲んだら気分がよくなりました。（after を使って）

3.　ビルが東京駅に着いた時，新幹線のぞみ 123 号はすでに出発していました。

4.　授業が終わるまでに，雪はやんでしまいました。

POINT!　2 つの action をどちらも過去形で表す場合もある

　after や before を使えば，時間的な前後関係は明白なので，本来過去完了形で表す時制を過去形で表現することも可能です。

- 「ボブは朝のニュースを見てから，会社に向かった」
  Bob left for his office after he (had) watched the morning news.
- 「聡は恋人にクリスマスの贈り物を手渡す前に，それを包装紙で包んだ」
  Satoshi (had) wrapped the Christmas gift for his girlfriend in decorative paper before he handed it to her.

5 1st action は過去進行形，2nd action は過去形

> 私がドアを開けてその部屋に入った時，両親は口論をしている最中でした。
> △ My parents argued when I opened the door and walked into the room.
> ○ My parents were arguing when I opened the door and walked into the room.

英語モードの考え方

「〜している最中に…した」と表現する場合は，「〜している最中」の部分を過去進行形で，「…した」の部分を過去形で表します。時間的な前後関係（時差）は過去進行形が1st action，過去形が 2nd action となります。

> 1st action = My parents were arguing（ドアを開ける前から口論は始まっている）
> 2nd action = I opened the door and walked into the room
> 〔イメージ図　were arguing ────● opened 〜 and walked 〜 ───→ 〕

　△マークの英文は文法的には成立するのですが，1st/2nd action の区別が不明瞭な文です。ドアを開けてはいけないと言われていた私がドアを開けてしまい，そのことが発端となって「両親が口論し（始め）た」（My parents argued）というような解釈も可能となってしまう曖昧な文です。

Exercise 5

過去形と過去進行形の違いに注意して，英訳してみよう。

1. その知らせを聞いた時，私は図書館で勉強しているところでした。

2. 僕は自転車で日本国内を旅行している最中，昔の彼女に偶然出会った。

3. 私がケーキを作っていると，友人が訪ねて来ました。
   発想のヒント：「友人が訪ねて来た時，私はケーキを作っている最中でした」と考えよう。

4. 散歩をしていたら，雨が降ってきました。

POINT!　while を使うと「最中」という感じが強くなる

● 「グラウンドを歩き回っていたら，雪が降ってきました」
　While I was walking around the schoolyard, it began to snow.
　while を使う英文は when よりも，「〜している最中」という感じが強くなります。時間的な前後関係は，1st action が過去進行形，2nd action が過去形になります。

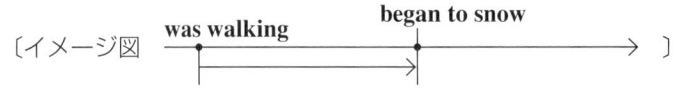

〔イメージ図　was walking ├────┤ began to snow ───→ 〕

6 Useful Information
■ 現在完了形と過去形

> 現在（や未来）と関わりが深い時は現在完了形，現在と関係が切れている時は過去形

　現在完了形は現在（や未来）と関わりが深いことを表現する時に使われ，過去形は現在との関係が切れて昔のことを回想している時に使われます。

〈例1〉
- 「私と夫は結婚して30年になります」
  My husband and I have been married for 30 years.（現在完了形）

　現在完了形は現在とのつながりがあるので，「今でも結婚している」という意味が含まれています（＝現在との関わり）。文脈を補足するとしたら，My 〜 30 years, and we still love each other very much.「そして，今でもとても愛しあっています」というような文が続きます。そして，この英文は「これからも結婚生活が続けられる」ということを示唆しています（＝未来との関わり）

- 「私と夫は20年間結婚していました」
  My husband and I were married for 20 years.（過去形）

　「結婚していたのは過去のこと」という意味ですから，文脈を補足するとしたら，My 〜 20 years, but we do not even telephone each other any more.「しかし，今ではお互いに電話さえかけません」というような文が続きます。

〈例2〉
- 「石川遼はゴルフトーナメントにおける優勝経験がある」
  Ryo Ishikawa has won first prizes in golf tournaments.

　この文は「石川遼が現役選手（＝現在との関わり）で，これからも優勝していく可能性がある（＝未来との関わり）」ことを示唆しています。一方，Ryo Ishikawa won first prizes in golf tournaments（△）と過去形で表した場合は，「優勝したのは過去のこと」という意味が出てくるため，石川遼が引退した選手，あるいは故人と考えられてしまう可能性があります。したがって，この△マークの英文は文法的には成立し得る表現ではあるものの，適切な表現とは言えません。

　なお，**2** (p.39)で説明したように，過去形であっても，「過去を示す表現」を文中に書けば，問題はありません。

- Ryo Ishikawa won first prizes in golf tournaments <u>last year</u>.

Section 8　時制（2）

1　「計画未来」と「とっさの意志未来」

> （A： Are you busy this evening?）
> B： はい。7 時にはビジネスパートナーと会うことになっています。それから，8 時にはクライアントと夕食をとる予定です。
> ○　B： Yes. I will meet my business partner at seven. Then I will have dinner at eight with my clients.
> ◎　B： Yes. I am going to meet my business partner at seven. Then I am going to have dinner at eight with my clients.

英語モードの考え方

原則，あらかじめ決まっている計画や予定を表す未来には，〈be 動詞＋going to＋動詞の原形〉を使い，その場で「とっさに判断した意志」を表す未来（「とっさの意志未来」）には，will を使います。

Exercise 1

be going to と will に注意して，英訳してみよう。

1. A： 特別な予定が入っているのですか。
   B： はい。10 時にその駅で友人たちと会い，一緒に M デパートのセールに行くことになっています。

2. A： 図書館を出るのですか？
   B： はい。ジョンソン先生と 3 時に会う約束をしています。私は中間試験の範囲となっているページを尋ねなければならないのです。
   A： それなら，私も君といっしょに行きます。

3. A： ここは暑いですね。
   B： それなら，エアコンをつけてあげましょう。

POINT!　とっさの意志未来の will

will はとっさに判断した意志を表す時に使われます。
A： I am cold.「寒いなぁ。」
B： I will make a cup of hot coffee.「温かいコーヒーを作ってあげるよ。」
　B は A の発言に反応して，とっさに判断した自己の行動の意志を表しているので，will を使います。

2 予測・予想未来

> 1. 気象庁によると，明日も引き続き本州の日本海側で大雪が降り続くとのことです。
>   ○ According to the Japan Meteorological Agency, heavy snow will [is going to] continue to fall on the Sea of Japan side of the mainland Honshu tomorrow.
> 2. 空にあるあの黒い雲を見てください。もうすぐ雨が降ることでしょう。
>   ○ Look at the black clouds in the sky. (←根拠) It is going to rain soon.

英語モードの考え方

予測・予想する時には will と〈be going to ＋動詞の原形〉の両表現を使用することができます。しかし，予測・予想の根拠が述べられている場合には，will より〈be going to ＋動詞の原形〉の方が好まれます。

Exercise 2

will, be going to に注意して，英訳してみよう。

1. 天気予報によれば，明日は雨とのことです。

2. ロイは明日その件で私に謝ってくると思います。

3. A: 雅也に伝言をお願いできませんか。
   B: いいですよ。彼とは食堂で会うでしょうから。

4. 北から大きな寒冷前線が日本に近づいてきているので，明日は大雪となることでしょう。

> ★私の心に残る言葉★
>
> **When you lose, do not lose the lesson.**
> 「失敗しても教訓までは失うな」
>
> lose には ①「～に失敗する，(勝負) に負ける」，②「～を失う」という 2 つの意味があります。この英文では lose という同じ語を繰り返し使いながらも，1 つ目の lose と 2 つ目の lose で，意味が巧みに使い分けられています。「失敗」という言葉には良いイメージを抱かないと思いますが，新たな成長や新しい発見の多くは，失敗から生まれていることを忘れてはいけません。他にも，以下のように勇気づけられる諺がたくさんあります。
>
> - Failure is a stepping stone to success. 「失敗は成功のもと」
> - Do not be afraid of failing. 「失敗を恐れるな」
> - Learn from your mistakes. 「失敗から学べ」

3 日本語の「〜した」に要注意！

> 私は65歳で退職した後，自分のお店を開くつもりです。
> × I am going to open my own shop after I retired at 65.
> ○ I am going to open my own shop after I retire at 65.

英語モードの考え方

「退職した」という日本語に引きずられて，過去形のretiredで表現する人がいますが，よく考えてみてください。退職年齢は今から先の65歳ですから，過去形は誤りとなります。そして，after, before, by the time, till, until, when(ever) など，時を表す副詞節内では未来のことでも現在形で表すというルールがありますから，冒頭の○マークの英文のようにretireで表現します。

Exercise 3

「〜（し）た」に注意して，英訳してみよう。

1. 彼は60歳で今の会社を辞めた後に，年金暮らしをするつもりです。
   ヒント：「年金暮らしをする」live on a pension

2. 千鶴は補聴器の会社にもう3年勤めた後，ノルウェーで社会福祉の勉強をしたいと思っています。
   ヒント：「補聴器の会社」hearing-aid company

3. 私は10年間もサラリーマンをやっていますが，もう3年働いた後にはこの会社を辞めるつもりです。
   ヒント：「サラリーマン」salaried employee

4. もう数年かそのくらい働いて多少のお金を貯めたらほぼ確実に，彼女はジョンと結婚することでしょう。

★私の心に残る言葉★

Give people more than they expect and do it cheerfully.
「相手の予想を上回る親切を，明るく元気に歯切れよく」

家族，親戚，恋人，友人，子どもなど，あなたの身の回りにいる人々であれば，誰でも構いません。また，与えられるものであれば，自分のできる範囲のことで十分です。他者に，あなたができることをしてあげましょう。そういった行為をする際に留意しておくと，自分にとってもプラスになる秘訣があります。1つ目の秘訣は，少しでよいので相手の予想を上回る親切を心がけることです。そして，2つ目の秘訣は，明るく振る舞いながらしてあげるのです。たったこれだけの演出で，あなたの行為は相手の心に深く刻みつけられ，あなた自身が人の記憶に残りやすい人物となることでしょう。

Section 8　時制（2）

4　近い未来の予定は現在進行形

> 彼女は次の火曜日にノース先生に診察してもらう予定です。
> ○　She is seeing Dr. North next Tuesday.
> (○　She is going to see Dr. North next Tuesday.)

英語モードの考え方

　take, meet, see, do, go の現在進行形で近い未来の予定を表すことができます（「チーム（team）がシード（seed）で2回戦へ Go」と覚えておきましょう）。next Tuesday や after school/lunch/work「放課後 / 昼食後 / 退社後」など，「近い未来を示す表現」とともに使われます。現在進行形を使って表すと，「まもなく」，「もうすぐ」というニュアンスが表れてきます。

Exercise 4

現在進行形に注意して，英訳してみよう。

1. 放課後，私はあのコンビニの前でいく人かの友人と会う予定です。
   ヒント：「コンビニ」convenience store

2. 退社後，何か予定が入っていますか。もし特にないのであれば，あのブラッド・ピットの新作映画を一緒に見に行きませんか。ちょうどチケットが2枚あります。
   ヒント：「あのブラッド・ピットの新作映画」that new Brad Pitt movie

3. 昼食後，私たちは買い物をするつもりです。その後，近くにある海浜公園を散歩するつもりです。
   ヒント：「近くにある海浜公園」the seaside park nearby

POINT!　「まもなく」という意味を強調する〈will be＋-ing 形〉

〈will be＋-ing 形〉も，「まもなく」という意味を示唆している表現です。

- 「彼はまもなく来るでしょう」
  He will be coming soon.（＝He will come soon.）
- 「近いうちにお目にかかりましょう」
  I will be seeing you soon.（＝I will see you soon.）

　上の2文は（　）内の文とそれぞれほぼ同義と見なしてよいのですが，「まもなく」という意味は〈will be＋-ing 形〉の英文の方が強調されています。
　新幹線の車両内掲示板に表示される "We will be stopping at Kokura Station before arriving at the Hakata terminal."（まもなく小倉駅に止まり，その後，終点の博多駅に到着いたします）の will be stopping も，「まもなく」という意味が強調されています。

5 hope, intend, plan, want の使い方

> 明日あなたにお会いできることを願っております。
> ×　I will [am going to] hope to see you tomorrow.
> ○　I hope to see you tomorrow.

英語モードの考え方

〈hope to＋動詞の原形〉「〜を望んでいる」,〈intend to＋動詞の原形〉「〜するつもりだ」（意図）,〈plan to＋動詞の原形〉「〜する予定だ」,〈want to＋動詞の原形〉「〜したい」という4つの表現では，未来の意味が動詞そのものに含まれているので tomorrow, in the future, next month, someday などの「未来を示す表現」があっても，will や〈be going to＋動詞の原形〉を使いません。

Exercise 5

hope, intend, plan, want に注意して，英訳してみよう。

1. 来月の大晦日にある紅白歌合戦を見たいと思っています。（want を使って）
   ヒント：「紅白歌合戦」the Red and White Singing Contest

2. 私の家族は来月，草津へ旅行する予定です。

3. 私の息子は将来，本田圭佑や香川真司のような国際的なサッカー選手になることを望んでいます。

4. 私の娘はいつか外国で結婚式を挙げるつもりでいます。

POINT!　〈hope that S＋V〉

hope は，〈hope that S＋V〉という表現形式をとることもできます。

● 「将来息子がロケットを開発する科学者になってくれればと願っております」
   I hope that my son will become a rocket scientist in the future.

that 節内の内容がこれから起こることであれば，that 節内は普通〈will＋動詞の原形〉となります。また，〈intend that S＋V〉は表現形式としては存在しますが，やや古い言い方なので，使わない方がよいでしょう。一方，plan と want の場合は that 節を続けることができません。〈plan/want that S＋V〉(×) のように表現することはできないので，注意しましょう。

Section 8　時制 (2)

6　Useful Information

■「～になる」に対応する英語表現

　日本語の「～になる」に対応する英語の表現は，① become，② turn into，③ suffer from，④ 〈begin/come/learn + to 動詞の原形〉など，さまざまです。

① 「～（の身分）になる」，「～の（状態）になる」
　　「女優になる」　→　become an actress　〈become + 補語（= 名詞）〉
　　「金持ちになる」→　become rich　　　　〈become + 補語（= 形容詞）〉

② 「（他のもの）になる」（他のものに変化する）
　　「おたまじゃくしはカエルになる」→ Tadpoles turn into frogs.
　　「水は100度で蒸気になる」→ Water turns into vapor at 100 degrees Celsius.

③ 「（怪我や病気）になる」
　　「私はテニスエルボーになった」→ I suffered from tennis elbow.
　　　　　　　　　　　　　　　　　　I became tennis elbow.（×）
　　「あの人気歌手が癌になった」→ That popular singer suffered from cancer.
　　　　　　　　　　　　　　　　　That popular singer became cancer.（×）（「人気歌手が癌細胞になった」（!?）という意味になってしまう）

④ 「～するようになる」
　　begin は「～し始める」という意味で，さまざまな文脈で使える便利な表現です。come は「自然に～になる」というニュアンスがある一方，learn の場合は自然ではなく「努力や経験により～になる」というニュアンスがあります（to の後に続く動詞は be 動詞や，〈know, like, live, love, understand〉など，進行形になることのない状態動詞が多い。ただし，begin to の場合だけは動作動詞も可能）。

⑤ その他
　　「死刑になる」という日本語表現にも要注意で，「死を宣告される」，「処刑される」という発想をしないと，誤った英語表現になりかねません。
　　「死刑になる」→　be sentenced to death, be excuted
　　　　　　　　　　become the death penalty（×）

Exercise 6

適切な動詞を選び，英訳してみよう。
1. ハリー・ポッターの映画を見てから，イギリスに興味を持つようになりました。
2. 私は大学に入ってからひとり暮らしをするようになりました。
3. 僕はやがて彼女を愛するようになりました。
4. 娘は我慢強くなりました。

Section 9　接続詞

1　「～が」はいつも逆接とは限らない

> 外へ散歩に出かけますが，君も一緒に来ませんか。
> ×　I will go outside for a walk, but will you come with me?
> ○　I will go outside for a walk. Will you come with me?

英語モードの考え方

　日本語の「が」には，① 逆接用法（「読書は脳の働きを活性化させるが，テレビゲームは脳の働きを弱める」のように，反対の内容が続く）と，② 逆接の意味がない用法（「外へ散歩に出かけますが，君も一緒に来ませんか」のように，前置きをする）があります。①の日本語に対応する英語は but ですが，②に対応する英語は but ではありませんので，注意しましょう (p.52)。

Exercise 1

「が」に注意して，英訳してみよう。

1. 買い物に行きますが，何か買ってきてあげましょうか。

2. 私ですが，ドアを開けてください。

3. 私は英語の試験のための勉強を一生懸命しなかったのですが，100点を取りました。

4. （電話で）もしもし，ダンと申しますが，綾香さんはいらっしゃいますか。

POINT!　Excuse me に注意

　（　）内に入る適切な語を①～④の中から選びなさい。
● 「すみませんが，駅までの道を教えていただけませんか」
　Excuse me, (① and,　② but,　③ or,　④ that) could you tell me the way to the station?

「すみませんが」の「が」は，逆接用法です。この英文に込められている意味は，「あなたの大切なお時間をいただいてしまい申し訳ございません。しかし，駅までの道を教えていただけませんか」ということです。したがって，正解は②となります。

　Excuse me. は，人に何か尋ねる時の決まり文句として使われる他，人前であくび，くしゃみ，などをしてしまったことを詫びる言葉としても使われます。

　tell（「口頭で教える」の意）の代わりに，show（「示して教える」の意）を使って表現することも可能です。teach は「説明，あるいは訓練しながら知識や技能を教える」という意味なので，Excuse me, could you teach me the way to the station?（×）は，不自然な表現となります。

2 〈so ～ that …〉構文に not がつく場合に注意

> 1. 彼はそれほど賢いというわけではないので，すべてのことを知っているというわけではない。
>   × He is not so wise that he does not know everything.
>   (主節の not を抜いた文 [He is so wise that he does not know everything.] の意味は非論理的なので，×マークの英文も非論理的)
> 2. 彼はすべてのことを知っているほど，賢いというわけではない。
>   ○ He is not so wise that he knows everything.
>   (主節の not を抜いた文 [He is so wise that he knows everything. の意味] は論理的なので，○マークの英文も論理的)

英語モードの考え方

「とても～なので…だ」(主節から訳す)という日本文を英語に直す時に便利な表現が〈so ～ that …〉構文です。ただし，主節に not がつく英文を書く時には要注意。「それほど～ないので…ない」(主節から訳す)という発想で英訳しようとすると，論理性を欠いた英文を書いてしまいます。必ず，「…するほど～ない」(従属節から訳す)と発想転換してから，英訳するようにしましょう。

Exercise 2

〈so ～ that …〉構文に注意して，英訳してみよう。

1. 彼はそれほど頭が良いわけではないので，その仕事はできません。
   発想のヒント：「彼はその仕事ができるほど，頭が良いわけではありません」と考えよう。

2. 彼女はそれほど英語が得意ではないので，英語母語話者と流暢(りゅうちょう)に話せません。

3. 彼はそれほど馬鹿ではないので，その事実を知っています。

POINT! 非論理的な英文を見分けましょう

正しい英文を下から選びなさい。
① Kiyoshi's English proficiency is not so high that he cannot speak English fluently.
② Kiyoshi's English proficiency is not so high that he can speak English fluently.
③ Kiyoshi's English proficiency is not so low that he can speak English fluently.

主節の not を抜いた英文の意味が論理的な英文は，②のみなので，正解は②。「英語を流暢に話せるほど，清の英語力は高いというわけではありません」。

3 but, although, though は逆の意味の文をつなぐ接続詞

> 1. 両親は私の計画に反対している。けれども，私はカリフォルニア大学で勉強したい。
>   ○ My parents are opposed to my plan, but I want to study at the University of California.
> 2. 両親は私の計画に反対しているけれども，私はカリフォルニア大学で勉強したい。
>   ○ Although my parents are opposed to my plan, I want to study at the University of California.

英語モードの考え方

but (→ p. 65) や (al)though (→ p. 76) を使い，逆の意味を表す2つの対立文をつなぎましょう。「しかし (＝けれども)」や「～であるけれども」は，日本語文法では「逆接の接続詞」と呼ばれています。

Exercise 3

逆接の接続詞に注意して，英訳してみよう。
1. ザッカリーは目玉焼きは好きですが，生卵は嫌いです。(but を使って)
2. ミスティは魅力的だけれども，意地の悪い人です。((al)though を使って)
3. 千鶴は彼氏の前では常に礼儀正しいけれども，他の男性の前ではそうでもない。((al)though を使って)

POINT! 日本文における省略に注意

「大都会でのひとり暮らしは寂しいけれど，一晩おきに両親，あるいは兄が電話をかけてくれます」の英訳として正しい表現を下から選びなさい。

① Living alone in a big city makes me feel lonely, but my parents or my older brother call me every other night.
② Although living alone in a big city makes me feel lonely, my parents or my older brother call me every other night.
③ Living alone in a big city makes me feel lonely, but I am all right because my parents or my older brother call me every other night.

上の日本文は会話においては受容可能な表現です。しかし，「寂しい」と「電話をかけてくれます」の間には逆接の関係が成立していません。このような場合には，「寂しいけれど，毎晩両親，あるいは兄が電話をかけてくれるので大丈夫です」というように，含意を明確な言葉にして英訳しないと，①，②のように逆接の関係が成立していない非論理的な英文を書いてしまいかねません。正解は③。

4 even if は 2 つの選択肢

> 両親が反対しても，私はアメリカに行くつもりです。
> × Although my parents are opposed to my plan, I will go to the USA.
> ○ Even if my parents are opposed to my plan, I will go to the USA.

英語モードの考え方

「両親が反対しても」という表現は，「たとえ両親が反対しても」という仮定表現なので，(al)though ではなく even if を使います ((al)though は現実に起きていることに対し使用する。したがって，「両親は反対しているけれども，私はアメリカに行くつもりです」の英訳であれば，冒頭の×マークの英文は正しい)。「たとえ両親が反対しても」という表現は，「反対しても，反対しなくても，いずれの場合でも」ということですから，2つの選択肢を提示している表現と言えます。

Exercise 4

「〜しても」という仮定表現に注意して，英訳してみよう。

1. 父が私の婚約者のことを気に入らなくても，私は彼と結婚します。
   ヒント：「婚約者」fiancé

2. この会社の女性就業率が下がっても，私はここで働き続けます。
   ヒント：「女性就業率」female employment rate

3. 辛いものが好きでないとしても，試しにこのメキシコ料理を食べてみてください。きっと気に入ると思います。
   発想のヒント：「きっと気に入ると思います」を「あなたはそれを好きになると私は確信しています」と考えましょう。

POINT! 英語では表現しきれない日本語の微妙なニュアンス

次の2つの日本文の違いを説明しなさい。
① 雨が降ろうとも雪が降ろうとも，うちの猫は1日1回，家をそっと出ます。
② 雨が降っても雪が降っても，うちの猫は1日1回，家をそっと出ます。

①は硬い感じのする文章で，仮定の意味が強く，猫の執着心が感じられます。それに対し，②は硬さが少しとれて，猫の執着心がやや弱められている表現と言えます。①と②は，ほぼ同義ですので，いずれの場合も次のように英訳して問題ないでしょう。

● Even if it rains or snows, my cat slips out of my house once a day.

5 〈no matter＋疑問詞〉は無数の選択肢

> たとえ誰がそのように言おうとも，私はそれを信じない。
> ×　Even if who says so, I will not believe that.
> ○　No matter who [Whoever] says so, I will not believe that.

英語モードの考え方

「たとえ誰がそのように言おうとも」という表現は，「A君が言うとしても，Bさんが言うとしても，C君が言うとしても，…」ということですから，無数の選択肢を示している仮定表現と言えます。

「たとえあなたがどこへ行こうとも」　　　〈No matter where you go, S＋V〉
「たとえあなたがどれほど疲れていても」　〈No matter how tired you are, S＋V〉
「たとえあなたが何をしようとも」　　　　〈No matter what you do, S＋V〉

また，〈no matter who/where/how/what〉は，それぞれ whoever, wherever, however, whatever で表現することも可能です。

Exercise 5

〈no matter＋疑問詞〉，〈-ever〉を使って，各問2通りの英文を書いてみよう。
1. たとえ誰がそのように言うとしても，それは真実ではない。
2. たとえあなたがどこへ行くとしても，あなたの家族はあなたのことを気にかけることでしょう。
3. たとえどれほど疲れているとしても，君は走り続けなければならない。

POINT!　〈no matter〉 vs. 〈even if〉

次の日本文の違いを説明しなさい。
① たとえ誰がそのように言おうとも，私はそれを信じない。
② たとえ誰かがそのように言おうとも，私はそれを信じない。

①と②の意味の違いはおわかりでしょうか。①は「どんなに立派な人，どんなに知識のある人，どんなに信頼できる人が言おうとも」というように，無数の選択肢を示すことにより，仮定の意味を強調している文です。一方，②はそのように言う人が「仮にいても，いなくても，いずれの場合でも」というように，2つの選択肢を示す仮定の表現です。英訳はそれぞれ，

① No matter who [Whoever] says so, I will not believe that.
② Even if somebody says so, I will not believe that.

となります。日英両表現に共通していますが，仮定の気持ちは②より①の方が強く表現されています（〈no matter＋疑問詞〉，〈-ever〉＞ even if）。

6 if と when の使い分け

> 日が沈んだら家に帰るべきです。
> × If the sun sets, you should go home.
> ○ When the sun sets, you should go home.

英語モードの考え方

　ifはそうならない可能性も十分あり得る状況下において使われる表現です（例：「成功すれば大金持ちになれます」）。つまり，現実に起きるかどうかは，不確実という前提があります。一方，whenはいずれはそうなるという状況下において使われます（例：「日が沈んだら家に帰るべきです」）。つまり，whenは確実に起きるという前提がある場合に，使用される表現となります。

Exercise 6

　ifとwhenに注意して，英訳してみよう。

1. 明日雨が降ったら，甲子園球場で行われる阪神・巨人戦は延期されます。

2. もうすぐ雨がやみそうです。雨がやんだら散歩をしましょう。

3. 私たちは年をとったら，体に気をつけなければなりません。

4. 日本の出生率が下がり続ければ，人口は著しく減少することであろう。
　　ヒント：「出生率」birthrate

POINT! 「私が死んだら」の英訳は2通り

- 「私が死んだらこの手紙を家内に渡してくれ」（戦場で）
  If I die, give this letter to my wife.
  戦地では帰らぬ人となってしまう可能性はありますが，死なないかもしれません。不確実な状況下なので，ifを使います。

- 「私が死んだらこの遺書を読んでください」（死を目前とした患者が病床で）
  When I die, read this will.
  いずれは死ぬという状況，つまり死ぬことを前提としている状況ですので，whenを使います。「私が死んだら」という日本語表現でも，英語では2通りに使い分けられています。普段からifとwhenの使い分けに留意するようにしましょう。

　下の例のように，ifとwhenが同義で使われることもありますので，注意してください。
- If you turn to the left, you will find Tokyo Station.
  （＝When you turn to the left, you will find Tokyo Station.）
  「左に曲がれば（＝左に曲がる時），東京駅が見えます」

Let's Write in English Mode

Part II

より複雑な文を書く
―センテンス・コンバイニング―

Section 10　単　文

　S（主語）とV（動詞）という組み合わせ（〈S＋V〉＝節）が1つだけで構成されている英文を simple sentence（単文）と言います。

- The three types of human memory are the sensory memory, the short-term memory, and the long-term memory.
「人間の記憶には3種類あり，それぞれ感覚記憶，短期記憶，長期記憶と言います」

POINT!

　英語で書かれているあらゆる書物には，構造が簡素な simple sentence が数多く使われています。しかし，語数が1桁台の simple sentence は多くありません。simple sentence（単文＝たんぶん）を書く時は，短文（たんぶん）にならないようにする必要があります。およその目安ではありますが，1文あたりの単語数が10～20語前後になるように工夫します。そのために修飾語（句）を多用しましょう。

△　American people celebrate Abraham Lincoln's birthday.　（6語）
○　The birthday of Abraham Lincoln, regarded as a hero in the Civil War by American people, is celebrated on February 12th.　（21語）
「エイブラハム・リンカーンは，アメリカ人から南北戦争時の英雄と見なされており，2月12日には彼の生誕が祝福されます」

　また，wh-語でさまざまな角度から自問することで内容がふくらんでいきます。

△　I played soccer.　（3語）
When?
　⇒△　I played soccer yesterday.　（4語）
Where?
　⇒○　I played soccer in the park near my house yesterday.　（10語）
How?
　⇒◎　I played soccer in the park near my house with my classmates yesterday.　（13語）

Exercise 1

以下の英文はすべて simple sentence である。例を参考に，主語に下線，動詞に二重下線を引き，（　）内に訳を書きなさい。

- <u>My child Natsuki</u> <u><u>went</u></u> to bed early last night.
「私の子供の夏樹は昨晩早く床に就きました」

1. My cousin is foolish, greedy, and most of all, selfish.
   (   )
2. Vaccinations preventing people from harmful viruses and bacteria are necessary in medical care.
   (   )
3. Amanda asked her boyfriend to tell her the truth in front of everyone.
   (   )
4. It is common for people all over the world to use cell phones.
   (   )
5. One day Sarah, a wealthy princess in India, abruptly lost all of her wealth and fame.
   (   )
6. I have already decided what to do this afternoon.
   (   )
7. English education has four areas of study—reading, writing, speaking, and listening.
   (   )
8. James Matsui, my English teacher, is crude but warm-hearted.
   (   )
9. Every man, woman, and child had to live through poverty in those days in Japan.
   (   )
10. The animal names of raccoon and skunk in the English language come from Native American languages.
    (   )

POINT!　並列構文

and, nor, but, or などは，語（句）を並列させることのできる便利な接続詞です。

⟨and⟩

Richard graduated from high school in March and registered for college in April.
「リチャードは 3 月に高校を卒業し，4 月には大学の入学手続きをしました」
動詞を並列。

⟨nor⟩

nor は ⟨neither A nor B⟩ という熟語で並列します。
The train tickets were neither in my pockets nor in my purse.
「電車の切符は私のポケットの中にも，ハンドバッグの中にもありませんでした」
前置詞句を並列。この文では，nor の後の in を省略することはできません。

⟨but⟩

My friend's son is spoiled but well-behaved.
「友人の息子は甘やかされていますが，行儀よく行動します」
形容詞を並列。

⟨or⟩

Either tell me what is wrong or stop complaining about it.
「何が悪いのか私に言ってください。さもなければ，そのことについて文句を言うのはやめてください」
動詞を並列。⟨either A or B⟩ という熟語が使われています。Tell me what is wrong or stop complaining about it. と表現することも可能。

3 つ，あるいは 4 つの語（句）を並列させる時は，それぞれ ⟨A, B, and C⟩，⟨A, B, C, and D⟩ という形式で表現します。また，or を使う時も同様で，⟨A, B, or C⟩，⟨A, B, C, or D⟩ という形式を使います（→ p.82）。

⟨A, B, and C⟩

She is a kind woman, a good professor, and a hard-working researcher.
（a kind woman, good professor, and hard-working researcher と表現することも可能）
「彼女は親切で，素晴らしい大学教授であるばかりでなく，努力を惜しまない研究者でもあります」
名詞句を並列。

⟨A, B, C, or D⟩

Alcohol is the driver's greatest enemy. Alcohol cannot make you smarter, smoother, sexier, or more self-confident. (*Mississippi Driver's Manual*, 2012, p.57)
「お酒はドライバーの最大の敵です。人はお酒を飲むことによって，飲酒前より利口にも平静にもセクシーにもなりませんし，あるいは自信がつくということもありません」
形容詞（句）を並列。

Section 10 単　文

Exercise 2

次の文に対して，When?, Where?, How?, Why? などの質問を投げかけて，できるだけ語数の多い simple sentence を作ってみましょう。（　）の中に一文が何語でできているか数えて記入しなさい。

1. My cat mewed.（3 語）

2. I went to Kyoto.（4 語）

3. My teacher scolded me.（4 語）

4. I lost my wallet.（4 語）

Exercise 3

次の 2 つの文を，and, but, or を使ってつないでみましょう。ただし，simple sentence で表現すること。

1. I can speak English. I cannot speak French.

2. I studied math today. I studied science today.

3. Do you like to go to the USA? Do you like to go to the UK?

4. We have decided to swim to the island. We have decided to have a barbecue.

5. John spent three days in Chicago. John left for Seattle.

〈注〉

本書では，次のような 2 つの動詞を持った文も，主語が 1 つの場合，simple sentence とします。simple sentence with a compound verb と言い，and の前にはカンマを置きません。

- My dog is lazy and sometimes does not obey my commands.

[参考] My dog is lazy, and sometimes he does not obey my commands. ⇒ これは重文（compound sentence）となります（→ p. 64）。

【注意】「～したいと思っています」

「私は将来留学したいと思っています」の英訳として正しい表現を下から選びなさい。

① I think want to study abroad in the future.
② I think and want to study abroad in the future.
③ I think that I want to study abroad in the future.
④ I want to study abroad in the future.

「～したいと思っている」は，〈want [would like] to＋動詞の原形〉という形式で表現します。したがって，正解は④となります。①は文法的に不成立，②は think and want という表現が不自然です。③は文法的には合っているのですが，正しい英訳ではありません。think は「思う」という意味なので，③の日本語訳は「私は将来（いつかは）留学したいのだろうなぁと，（何となく）思っています」となります。つまり，気持ちの曖昧さや迷いを表している英文ということです。日本語に引きずられて誤った英文を書かないように気をつけましょう。日本語のルールが適用されない，英語独自のルールがあることを認識する必要があります。

「私は日本では死刑を廃止するべきだと思います」という主張を，I think that we should abolish the death penalty in Japan.（△）と英訳すると，この英文は，「日本では死刑を廃止するべきなのだろうなぁと，私は（何となく）思っています」という意味になってしまいます。エッセイの題名やトピック / コンクルーディング・センテンス（→ p. 63）などに書く表現としては，主張が弱々しいので適切とは言えません。意見，主張，信念を力強く表現するには，「思います」という日本語にこだわらずに，We should abolish the death penalty in Japan. と端的に表すとよいでしょう。

あるいは，「思います」という日本語にこだわらずに，I am strongly against the abolition of the death penalty in Japan.「私は日本における死刑の廃止に強く反対しています」（または，I am strongly against the retention of the death penalty in Japan.「私は日本における死刑の存続に強く反対しています」）のように表すこともできます。

Paragraph Writing (1)

■ 学習トピック：トピック・センテンスを意識しよう

My Great Grandfather

<u>My great grandfather has a frighteningly rugged face with no hair on his head.</u> He has a dark complexion, and his face is wrinkled all over and leathery. His big brown eyes with double eyelids sparkle when he describes the fight against tough enemies which broke his nose in his twenties. His flat nose caused by the fight makes him look like a gangster. He has high cheek bones like a Native American and a scar on his right cheek; furthermore, his massive jaw is angular. <u>My great grandfather's face is rough and scary.</u>

★英語における論の展開

　パラグラフの第1文にあるトピック・センテンス（主題文，二重下線英文）は，書き手の主張・論点を簡潔に表しています。日本語による段落の論展開とは異なり，英語では結論を先に書くということになります。自分がどのような「結論」を主張したいのかを考え，それをトピック・センテンスの中で表現します。

　次に，第1文で示した主張・論点がよく理解されるように，第2文以降のサポーティング・センテンス（支持文）で，トピック・センテンスの内容を具体的に説明します。トピック・センテンスで示した主張・論点を意識し，論が脱線しないように注意してください。

　パラグラフの最終文はコンクルーディング・センテンス（結びの文，二重下線英文）と呼ばれ，トピック・センテンスと同じ内容を異なる言葉で表現します。

　英語のパラグラフには，〈トピック・センテンス → サポーティング・センテンス → コンクルーディング・センテンス〉という論の3段展開があるものなので，英文を書く時はこのことに留意する必要があります。内容を整理し（→「論の道筋を作る」），思いつくままに語ることのない（→「論旨の逸脱がない」）ように，心がけましょう。

　（Part II の全パラグラフのトピック・センテンスとコンクルーディング・センテンスに，二重下線が引いてありますので，英文展開のパターンを確認してください。）

☆課題☆
　家族のひとりを選び，描写してみよう。

Section 11 重 文

　接続詞の中でも，for, and, nor, but, or, yet, so は等位接続詞と呼ばれ，下の POINT! にあるように，前後に〈S＋V〉（節）をとることができます。前文の〈S＋V〉と等位接続詞の間には，通例カンマを書きます。これら 7 つの等位接続詞の頭文字をとって，FANBOYS（ファンボーイズ）と覚えましょう。等位接続詞で結ばれた文を compound sentence（重文）と言います。1 つの文中に 2 つの〈S＋V〉があり，それらは対等の関係になっています（3 つの〈S＋V〉も可能だが，多くの場合 2 つの〈S＋V〉）。

POINT!
　FANBOYS（ファンボーイズ）は，〈S＋V, FANBOYS S＋V〉という形式で使います。

- **〈S＋V, for S＋V〉「というのは」**

　for は理由や原因を追加・補足する（＝後から添える）ニュアンスを持つので，日本語訳は「というのは」，「それは」などと訳します（理由を明確に述べる because「なぜなら」とは区別しましょう）。

× 　He slept soundly. For he drank a lot of beer.
○ 　He slept soundly, for he drank a lot of beer.
　　「彼はよく眠ってしまいました。というのは，ビールをたくさん飲んだからです」

　because はもともと理由をはっきり伝えようとするニュアンスを持ち，前文と後文の結びつきが強いという特徴があります。

　　Japanese cars sell well because they have a better reputation for quality.
　　「日本車は質の良さで有名なので，よく売れます」

- **〈S＋V, and S＋V〉「そして」**

　〈S＋V〉と〈S＋V〉という 2 つの並列した文を and でつなげる時は，〈S＋V, and S＋V〉という形式をとります（〈, and〉（コンマ　アンド）の部分は，文脈に応じて「そして」，「～と」などと訳されます）。

　　Chang was innocent, and his mother knew that.
　　「チャンは無実でした。そして，そのことは彼の母親が知っていました」

- **〈S＋V, nor S＋V〉「～もまた…ない」**

　nor を使って文〈S＋V〉を並列させる時には，語順の入れ替え（倒置）が必要です。この倒置は，〈There＋be 動詞＋S〉，〈Here＋be 動詞＋S〉（→ p.5）同様，慣用的に起こる倒置構文です。前文は必ず否定文となります。

Section 11 重　文

① 後文に一般動詞を使う時
　→〈S＋V（否定文）, nor＋do/does/did＋S＋一般動詞〉
　× Hiromi did not have any money, nor her boyfriend had any.
　○ Hiromi did not have any money, nor did her boyfriend have any.
　　「裕美はお金を持っていませんでしたし，彼女の彼氏も持っていませんでした」

② 後文にbe動詞を使う時
　→〈S＋V（否定文）, nor＋be動詞＋S〉
　I have no experience in politics, nor am I interested in it.
　「私は政治の世界における経験がありませんし，またその世界にも興味もありません」

③ 後文に助動詞（can, could, will, wouldなど）を使う時
　→〈S＋V（否定文）, nor＋助動詞＋S＋一般動詞〉
　He cannot speak Chinese, nor can his son speak it.
　「彼は中国語を話せませんし，彼の息子もまた中国語を話せません」

●〈S＋V, but S＋V〉「しかし」
　主語が共通でも，述語の構成が異なる文（①の前文＝〈be動詞＋形容詞〉，①の後文＝〈一般動詞＋名詞〉）というものは，誤文ではないものの，分かりにくいものです。しかし，②のように，〈S＋V, but S＋V〉という形式で表現すれば，文意が明瞭となり理解されやすくなります。
　なお，③のように，butの前文と後文の主語が異なっている場合（RonとSam）には，〈S＋V, but S＋V〉を使って表現することとなります。

○　① Ron is hardworking but has only average talent.
　　　　〈be動詞＋形容詞〉　〈一般動詞＋名詞〉
◎　② Ron is hardworking, but he has only average talent.
　　　「ロンは努力家ですが，平均的な才能しか持ち合わせていません」
◎　③ Ron is hardworking, but Sam is lazy.
　　　「ロンは努力家ですが，サムは怠け者です」

●〈S＋V, or S＋V〉「さもなければ」「あるいは」
　orは「さもなければ」，「あるいは」などと訳します。

　We should go on a trip to Kyoto in November, or we will lose a good chance to enjoy the autumn leaves.
　「私達は11月に京都へ旅行に行くべきで，さもなければ，私たちは紅葉を楽しむ絶好の機会を逃すことになります」

- 〈S+V, yet S+V〉「それにもかかわらず」
 後文に意外な内容が続く場合には，but よりも yet の方が適切です。yet には前・後文の対比を強調する効果があります。

△　Albert Einstein failed his university entrance examination, but he became a famous scientist.
○　Albert Einstein failed his university entrance examination, yet he became a famous scientist.
　「アルバート・アインシュタインは大学入試に落ちてしまったにもかかわらず，有名な科学者となりました」

- 〈S+V, so S+V〉「だから」
 〈S+V. So S+V〉という形式も使えますが，前文が短い時には〈S+V, so S+V〉という形式を用いて，長い文を書くようにしましょう（目安ではありますが，書き言葉では最低10語書くようにしましょう）。また，〈S+V. So S+V〉は新聞や雑誌などでは使用されている表現ではありますが，アカデミック・イングリッシュ（学術英語）では許容されない形式であることにも留意しておきましょう。

○　Hideki told a funny joke. So Masaaki laughed.
◎　Hideki told a funny joke, so Masaaki laughed.
　「秀樹が面白い冗談を言ったので，雅章は笑いました」

★私の心に残る言葉★

It is nice to be important, but it is more important to be nice.
「他者から重要な人物と思われれば心地よいものだが，もっと大切なことは他者への思いやりである」

 nice には2つの意味があり，この英文では but の前文と後文で nice の意味が巧みに使い分けられています（①「心地のよい」，②「思いやりのある」）。そして，but の前後の英文を見比べると，more 以外は同じ単語から構成されており，かつ nice と important が入れ替わっているだけというウィットに富んだ表現です。同じ単語が繰り返し使われているため，記憶に残りやすい効果があります。こういうのを韻（イン）グリッシュと言います（笑）。

Section 11 重　文

Exercise 1

日本語訳を参考に，等位接続詞（FANBOYS）で各設問内の2つの英文を連結し，compound sentence を作りなさい。

1. When he was in 10th grade, my elder brother hoped to study at an American university. At present he wants to enter a college in Canada.
「兄は高校1年生の時には，アメリカの総合大学で勉強することを希望していましたが，現在ではカナダの単科大学に入学したいと考えています」

2. She finally got a job. Her friends celebrated her achievement.
「ついに彼女は職を得ることができ，そして彼女の友人たちはそのことを祝いました」

3. She cannot speak English. Her husband cannot speak English.
「彼女は英語を話せませんし，彼女の夫もまた英語を話せません」

4. Ken can speak English well. He grew up in the United Kingdom.
「ケンは英語を上手に話せます。というのは，彼は英国で育ったからです」

5. You can pay the rental fee. Your parents can pay it for you.
「君がこの賃料を支払うというのでもいいですし，あるいは君の両親に支払ってもらうというのでも構いません」

6. I cannot understand what you are saying to me. I cannot understand what your wife is saying to me.
「私には君の言っていることがわかりませんし，またあなたの妻が言っていることも，私には理解できません」

7. In the past Japanese people seemed to be afraid of losing their traditions. They do not seem to be concerned about it these days.
「かつて日本人は自国の伝統を失うことを恐れているようでしたが，近頃ではそのようなことに関心がないようです」

8. You can take Computer Science 101 this semester. You can take Computer Science 101 next semester.
「君は情報処理101の科目をこの学期に履修することもできるし，あるいは来学期に履修することも可能です」

【注意1】
　一般的に，専門家を対象読者としている学術論文（アカデミック・ペーパー）では，〈S + V, 等位接続詞 S + V〉（例：〈S + V, and S + V〉）という形式で等位接続詞を使用します。
　しかし，大衆向けの情報提供という役割を担っている新聞や雑誌などにおいては，〈S + V. 等位接続詞 S + V〉（例：〈S + V. And S + V〉）というより簡単な形式で等位接続詞が使われることが少なくありません。等位接続詞の中でも特に And, But, So, Yet にはその傾向があります。

- （◎）　I saw a black cat, and he saw a white dog.
　「私は黒い猫を，そして彼は白い犬を見ました」
- （○）　I saw a black cat. And he saw a white dog.

- （◎）　My friend has to take the medicine every night, but she is living a normal life.
　「私の友人は毎晩その薬を服用しなければならないのですが，彼女は普通通りの生活を送っています」
- （○）　My friend has to take the medicine every night. But she is living a normal life.

★新聞や雑誌などにおいては許容される表現形式（学術論文では許容されない）
　○　〈S + V. And S + V〉　　○　〈S + V. But S + V〉
　○　〈S + V. So S + V〉　　　○　〈S + V. Yet S + V〉

　本書は原則，アカデミック・イングリッシュ（学術英語）の学習を念頭に入れて書かれており，学術論文（アカデミック・ペーパー）における表現力の基礎が培われることを目標としています。したがって，上記4表現形式は推奨していません。

【注意2】
　日本語では「そして，」，「しかし，」，「それにもかかわらず，」というように，接続詞の後に読点を書くのが普通なので，日本人は英語においても〈And,〉〈But,〉〈Yet,〉とカンマを書いてしまいがちです。しかし，このようなカンマの表記法は詩歌や漫画などを除き，一般的には使用されることはありません。

- ×　〈S + V. And, S + V〉
- ×　〈S + V. But, S + V〉
- ×　〈S + V. Yet, S + V〉

　So は例外で，〈S + V. So, S + V〉（○）と表記されることもあります。

Paragraph Writing (2)

■学習トピック：さまざまな –ing 形を使いこなそう

Dating

I asked the girl of my dreams out on a date, finally, a week ago. When I drove up to her apartment in a new hybrid car, she was standing in front of the door and waiting for me to pick her up, looking beautiful and elegant as always. On the way to the Golden Pavilion in Kyoto, she seemed satisfied with the car's quiet engine sound, for she was able to talk in the calm atmosphere in the car. We enjoyed a wide-ranging conversation, starting from simple things, for example, school grades, and moving on to opinions about recent events, such as the rise of the Yen. In the evening, I drove her back to her apartment, and as she took her leave, she said, "I had a wonderful day with you today. It would be great if we could do this again sometime." Hearing this made me happy from the bottom of my heart, and I replied, "I'd love to. Anytime, anywhere." My first date with her was successful, and I hope that future dates will also be successful.

★ Narration（語り文）

英語の文章は大別すると，1) narration（「語り文」），2) description（「描写文」），3) exposition（「説明文」），4) argumentation（「論証文」）というように分けられ，それぞれの文章タイプにより特徴的な文章構成法やレトリックがあります。この文章は narration「語り文」と呼ばれるジャンルに入るものなので，形式的には paragraph writing の構成にとらわれる必要はありません（しかし，このエッセイではトピック・センテンスとコンクルーディング・センテンスを示す論展開を採用）。ストーリーの展開は時系列に並べてあると，読み手にとってわかりやすい文章となり，伝達力が高まります。

★ 3 種類の –ing 形

① 分詞構文 ⇒ (1) S + V, looking beautiful and elegant as always.
　　　　　　　(2) S + V, starting ～ and moving ～.
② 進行形　⇒　She was standing ～ and waiting ～.
③ 動名詞　⇒　Hearing this made me happy ～.

☆課題☆
あなたが考える理想のデートについて述べなさい。

Section 12　複文（1）　名詞的用法と形容詞的用法

（1）　名詞的用法

　ここからは complex sentence（複文）を取り上げます。compound sentence 同様，complex sentence の中にも 2 つの〈S＋V〉が組み込まれています（complex sentence の場合 3～5 程度の〈S＋V〉も可能だが，多くの場合 2～3 程度の〈S＋V〉）。しかし，complex sentence の場合は，1 つの〈S＋V〉が主節（＝主役）で，残りの〈S＋V〉は従属節（＝脇役）となっています。〈S＋V〉の関係は「親分」と「子分」という主従関係と考えるとわかりやすいと思います（compound sentence の場合は対等の関係）。従属節が含まれている英文は，必ず complex sentence となります。

　complex sentence には，(1) 名詞的用法，(2) 形容詞的用法，(3) 副詞的用法の 3 種類があります。セクション 12 では (1) と (2) の用法を扱います。

　名詞的用法と言っても多くの種類がありますので，ここでは that 節が他動詞の目的語となる名詞的用法を取り上げます。that 節は名詞的に機能している従属節（＝名詞節）です。

★他動詞＋that 節
〈think that S＋V〉

- I think that she is the best student in this school.
  「僕は彼女がこの学校で最も優れた学生だと思います」

〈say that S＋V〉

- This article says that President Obama does not have the ability to lead the American people.
  「この記事には，アメリカ人の先頭に立つ能力がオバマ大統領に欠落していると書いてあります」

〈argue that S＋V〉

- *The Nikkei Weekly* argues that it is important for Japanese people to contribute to world peace with the Self-Defense Force.
  「日本人は自衛隊を利用して，世界平和に貢献することが重要であると『日経ウィークリー』は論じています」

〈claim that S＋V〉

- Ms. Condoleezza Rice, the former United States Secretary of State in the Bush administration, claims that American people can contribute to world peace.
  「ブッシュ政権において米国務長官を務めたコンドリーザ・ライス氏は，アメリカ人は世界平和に貢献できると主張しています」

〈believe that S＋V〉

- Nobody believed that he got the first prize in the English speech contest.

「彼が英語弁論大会で優勝したことを誰も信じませんでした」

⟨hope that S+V⟩

- Most people all over the world hope that regional military disputes causing poverty and discrimination will end.
「世界中にいるほとんどの人々は，貧困や差別をもたらす地域紛争が終結することを願っています」

⟨suggest that S+V⟩

- Jessica's tutor suggested that she (should) take a break.
「ジェシカの家庭教師は，彼女に少し休んだ方がよいと言いました」

「〜を提案する」，「〜しようと言い出す」という意味の suggest は，⟨suggest that S+動詞の原形⟩（アメリカ英語），⟨suggest that S+should+動詞の原形⟩（イギリス英語）という形式で使用します。

Exercise 1

日本語訳を参考に，例にならって英文の something の場所に具体的な内容を持った名詞節を作り，complex sentence にしなさい。

(例) I can hardly believe something. Nora is 70 years old.
「ノラが70歳だなんて信じられません」
I can hardly believe that Nora is 70 years old.

1. I finally found out something. Maria ran away from home.
「私はマリアが家出していることにようやく気づきました」

2. My teacher told me something. I kept on neglecting my studies. I would not pass the final exam.
「先生は私に，もし勉強をないがしろにし続ければ，期末試験で及第点は取れないだろうと言いました」

3. Nina demonstrated something to me. Her argument was entirely logical.
「ニーナは自分の主張が完全に論理的であるということを私に示しました」

4. Most students learn something in physics class. A mass drops because of gravitation according to Newton's law.
「ニュートンの法則で説明されている重力が原因で物体は落下するということを，たいていの学生は物理の授業で学習します」

5. Nick promised his friend something. He would go to the party at seven.
「ニックは彼の友人にパーティには7時に行くと約束しました」

Paragraph Writing (3)

■ 学習トピック: 並列構文を使って情報の豊富な英文を作ろう

English is a Very Useful and Important Language

　<u>I believe that English is a very useful and important language.</u> As the economic, political, and military relationships among countries have expanded worldwide, the English language has come to be valued as a means of international communication. Acquiring communicative ability in English enables us to understand a wide variety of people from cultural, racial, religious, and linguistic backgrounds. Furthermore, English is essential when we work, play, or interact with them. <u>For these reasons, English is and will continue to be a powerful language in our global world.</u>

★ 表現力を高めるために並列構文を使おう
　① <u>economic</u>, <u>political</u>, and <u>military</u> relationships　　（3つの形容詞の並列）
　② <u>cultural</u>, <u>racial</u>, <u>religious</u>, and <u>linguistic</u> backgrounds　（4つの形容詞の並列）
　③ <u>work</u>, <u>play</u>, or <u>interact</u> with them　　　　　　　　（3つの動詞の並列）

★ and so on に注意
　and so on はさらなる例示列挙を省いても，相手に十分通じると考えられる場合に使われる会話表現です。and so on には，「あとは言わなくてもわかりますよね」という気持ちが込められています。
　一方，相手の理解を促すために具体例を挙げる場合には，such as や for example を使います。これらの表現はアカデミック・イングリッシュ（学術英語）において頻繁に使用される表現です。

△　I like to listen to <u>Western music, classical music, and so on</u>.
○　I like to listen to <u>music, such as Western music and classical music</u>.
　　(<u>I like to listen to music, for example, Western music and classical music</u>.)
　　「私は音楽を聴くことが好きで，例えば洋楽やクラシックなどです」

☆課題☆
　高等学校で，英語以外にもう1つ外国語を学ぶということについて，あなたはどのように考えますか。自分の意見を書きましょう。

（2） 形容詞的用法

　名詞的用法同様，形容詞的用法も多くの種類があります。ここでは，長い文を作る際，便利で説明力のある「関係代名詞の継続用法（非制限用法とも言います）」を概説します。関係代名詞節は名詞（句）である先行詞を修飾し，形容詞的に機能する従属節（＝形容詞節）です。したがって，関係代名詞節を含んだ文は従属節を含んでいるので，complex sentence となります。関係代名詞節は先行詞を補足説明している extra information（＝unnecessary information「なくてもよいが，あればわかりやすい情報」）なので，先行詞の直後にカンマを書きます。

★主格の関係代名詞（継続用法）
（1）　Lynn, who is from Gabon, is a good English speaker.
　　　「リンはガボンの出身で，上手に英語を話します」

　この英文は，1) Lynn is from Gabon. と 2) Lynn is a good English speaker. という2つの文が連結しています。〈, who 〜 Gabon,〉という従属節が挿入されています（「ガボン」はアフリカ南西部の国）。

（2）　Ms. Martin, who teaches English at my university, likes to teach very much.
　　　「マーチン先生は私の大学で教鞭をとっている方だが，彼女は教えることが大好きです」

　この英文は，1) Ms. Martin teaches English at my university. と 2) Ms. Martin likes to teach very much. という2つの文が連結しています。〈, who 〜 university,〉という従属節が挿入されています。（「〜先生」と表現する時は，teacher を使わずに，Mr. / Ms. / Mrs. 〜 と表現します。ただし，博士号を取得している教師に対しては，Dr. 〜 と表現します。）

★目的格の関係代名詞（継続用法）
● Albert Einstein, whom people all over the world regard as a genius of the 20th century, was an ordinary junior and senior high school student.
　「アルバート・アインシュタインは，今日では20世紀が生んだ天才と世界中の人々からみなされていますが，中学・高校時代は普通の生徒でした」

　この英文は，1) Albert Einstein was an ordinary junior and senior high school student. と 2) People all over the world regard Albert Einstein as a genius of the 20th century. という2つの文が連結しています。〈, whom 〜 century,〉という従属節が挿入されています。

POINT!
　関係代名詞の継続用法を使えば（＝複文を使えば），以下の△マークの英文（→ p.58）を，

成熟した英文（○マークの英文）に変えることができます。

△ American people celebrate Abraham Lincoln's birthday. （6語）
○ American people, most of whom respect Abraham Lincoln, celebrate his birthday, February 12th. （13語）
「ほとんどのアメリカ人はエイブラハム・リンカーンを尊敬して，彼の誕生日である2月12日に彼の生誕を祝福します」

Exercise 2

日本語訳を参考に，各設問の英文を連結し，complex sentence を作りなさい。

1. John F. Fitzgerald served as the mayor of Boston. John F. Fitzgerald was John F. Kennedy's grandfather.
「ボストン市長として務めたジョン・F・フィッツジェラルドは，ジョン・F・ケネディの祖父です」

2. French people are proud of their history, culture, and language. French people also appreciate foreign cultures, such as Japanese animation.
「フランス人は自国の歴史，文化，言語に誇りを思っていますが，日本のアニメなどの外国文化の良さも認めています」

3. Carlos is from Spain. Carlos is a good English speaker.
「スペイン出身のカルロスは，上手に英語を話します」

4. Mr. Chang operates a famous Chinese restaurant in the city of Memphis. Mr. Chang has opened a catfish restaurant.
「メンフィス市で有名な中華料理店を経営しているチャン氏は，食用ナマズ料理店を開店しました」

5. Veterans Day was originally known as Armistice Day. American people celebrate Veterans Day on November 11th as a national holiday.
「アメリカ人が国民の休日として11月11日に祝福している復員軍人の日は，かつては第一次世界大戦の休戦記念日として知られていました」

6. According to Kepler's Laws, each planet moves around the sun in an ellipse. Kepler formulated Kepler's Laws without a telescope.
「ケプラーが望遠鏡を用いることなく発見したケプラーの法則によれば，個々の惑星は楕円を描きながら太陽の回りを移動します」

Section 12 複文（1）

Paragraph Writing (4)

■学習トピック：関係代名詞継続用法でスマートに長い文を作ろう

Gone with the Wind

　I was impressed by the movie *Gone with the Wind*. The story was written by Margaret Mitchell, who won a Pulitzer Prize for the book. When I was a high school student, I learned about the Civil War in the U.S.A., which had broken out in 1861 and ended in 1865, so it was not so difficult for me to understand the historical background of the movie. Scarlett O'Hara, who was a completely realistic character and said "Tomorrow is another day" in the last scene of this movie, overcame many challenges and problems one way or another during and after the war. Scarlett O'Hara's strong and positive attitude to life fascinated me. I wish I could be strong and positive like she was. Also, I was motivated to study English by the movie. Because the love story of Scarlett O'Hara and her husband Rhett Butler portrayed in the movie interested me, I wanted to try to read the book in English. After I finish reading it, I will try to read the two modern derivative stories of *Scarlett* and *Rhett Butler's People* in English. I am glad to have watched the movie.

　表現力を高めるために，関係代名詞の継続用法を使いましょう。Margaret Mitchell, the Civil War in the USA, Scarlett O'Hara など，1つのものに限ってつけられている名称が先行詞となります。

- I respect Dr. Lancaster, who says, "The best method to gain confidence is to make an effort."
「『自信を得る最良の方法は努力をすることである』と言っておられるランカスター博士を私は尊敬している」

☆課題☆
　これまでに観た映画の中で，最も印象に残っている作品について書きなさい。

Section 13 複文(2) 副詞的用法

　名詞・形容詞的用法同様,副詞的用法にも数多くの種類があるので,ここでは代表的な表現のみを説明します。

　after, (al)though, as, because, before, if, since, till, unless, until, when(ever), while などに代表される従位接続詞は,〈従位接続詞 S＋V, S＋V〉,あるいは〈S＋V 従位接続詞 S＋V〉という形式をとります。また,〈As long as S＋V, S＋V〉(～する限り),〈By the time S＋V, S＋V〉(～する時までに),〈As soon as S＋V, S＋V〉(～するとすぐに),〈The moment S＋V, S＋V〉(～する瞬間) などの熟語型接続詞もあります。〈従位接続詞 S＋V〉の部分が副詞的に機能している従属節(＝副詞節)となっています。

(1) Although we saw nothing wrong with President Obama's idea, we complained about his administration.
「私たちは特に誤った点がオバマ大統領の考え方にあるとは考えていないのだけれども,彼の政治については不平を言いました」

　この英文は,1) We saw nothing wrong with President Obama's idea. と 2) We complained about his administration. という2つの文が連結しています。Although ～ idea が譲歩を表す副詞節(従属節)です。

(2) When we are unhappy with our names, we can choose to change them.
「自分の名前に満足しない場合,改名することを選択できます」

　この英文は,1) We are unhappy with our names. と 2) We can choose to change them. という2つの文が連結しています。When ～ names が時を表す副詞節(従属節)です。

Section 13　複文（2）

Exercise 1

日本語訳を参考に，各設問の英文を連結し，副詞節を含んだ complex sentence を作りなさい。ただし，次の従位接続詞（熟語型従位接続詞を含む）を用いて表現すること。

after, although（= though）, as long as, as soon as, because, before, since（「〜以来」）, till（= until）, when

1. We ran away as fast as possible. That building over there began to collapse.
   「向こうにあるあのビルが崩れ始めたので，私たちはできる限り速く逃げました」

2. We had to walk home. We missed the last train.
   「私たちは終電を逃したので，歩いて帰らなければなりませんでした」

3. Takuya could not get up this morning. The alarm rang.
   「目覚ましが鳴ったけれども，今朝拓也は起きられませんでした」

4. You are now 20 years old. You must take responsibility for what you do.
   「君は20歳なので，自分のすることに責任を持たなければなりません」

5. You can enter the room. You wear a formal suit.
   「フォーマルな服を着ている限り，その部屋に入ることができます」

6. Alice was fired. Alice did not take responsibility for her mistake.
   「アリスは自分のミスに対する責任を負わなかったので解雇されました」

7. John kept eating lots of persimmons. John had a stomachache.
   「ジョンは腹痛になるまでずっと柿を食べ続けました」

8. Kepler found that planets move faster and move slower. Planets are nearer the sun. Planets are farther from the sun.
   「惑星は太陽から近い地点に位置している時は速く移動し，太陽から遠い地点に位置している時は遅く移動していることをケプラーは発見しました」

9. My wife married me. She promised to love me, to obey me, to cook, and to clean up.
   「私の妻は結婚する時，私を愛し，従い，料理し，さらには掃除もすると約束した」

10. I have liked Ichiro, the great baseball player. I was a child.
    「私は子どもの頃から，偉大な野球選手であるイチロー選手が好きでした」

11. I will call you. Jane arrives at my house tomorrow.
    「明日ジェーンが私の家に到着したら，あなたに電話します」

---

12. I watch the NBA game on TV. I am going to finish my work.
    「テレビでNBA（全米プロバスケット協会）の試合を見る前に，私は自分の仕事を終わりにするつもりです」

---

13. I think that she will wait here. He comes.
    「彼が来るまでずっと，彼女はここで待つと思います」

---

14. I have finished shopping at the supermarket. I am going to do my homework, clean my room, and go out for dinner with my friend.
    「スーパーマーケットで買い物をしたらすぐに，宿題をして，部屋の掃除をして，それから友人と夕食に出かけます」

---

15. My younger brother graduates from college. He will probably go for a master's degree.
    「弟は大学卒業後，まず確実に修士号取得を目指すことでしょう」

> ★私の心に残る言葉★
>
> **Neither intelligence nor imagination goes into the making of a genius. Love is the soul of a genius.**
> 「天才を創り出すのは，知性でも想像力でもない。愛こそが天才のみが持ち得る魂なのである」
>
> 天才音楽家の中でも，一際優れていた人と言われているウルフギャング・アマデウス・モーツァルト（Wolfgang Amadeus Mozart）[1756～1791] の言葉と言われています。〈neither A nor B〉が主語になる場合，動詞は原則 B の数に合わせられています。

Section 13 複文 (2)

POINT! 〈S+V. Because S+V〉は断片文 (Sentence Fragment)

一般論ではありますが，日本語では書き言葉において次のように表現しても許容されます。

「1の英文より2の英文の方が優れています。なぜなら，1文あたりの語数は，1の英文より2の英文の方が多いからです。」

しかし，これを文字通り英訳した以下の表現は，学術英語（アカデミック・イングリッシュ）においては許容されません。

× Sentence No. 2 is better than sentence No. 1. Because there are more words in the former sentence than the latter.

〈S + V. Because S + V〉という形式は，話し言葉を活字にするという場合においては問題ありません。例えば，以下の文章は会話文なので問題はありません。

A: Why did Judy go to America?
「どうしてジュディはアメリカに行ったのですか」
B: Because she wanted to study computer science at Stanford University.
「なぜなら，彼女はスタンフォード大学で情報処理の勉強をしたかったからです」

しかし，×マークの英文は学術英語（アカデミック・イングリッシュ）としては，断片文（sentence fragment）と見なされてしまいます。つまり，〈Because S + V〉という表現は従属節のみによる文なので，文として成立しているとは認め難い未完成の英文と判断されるのです。because は after, before, if, when などの従位接続詞と同様に主節を必要とし，〈S + V because S + V〉という形式をとらなければなりません。

○ Sentence No. 2 is better than sentence No. 1 because the number of words in the former sentence is more than that in the latter.

【平均文長を意識する】
　英字新聞の 1 文あたりの英文の長さは 17～19 語が標準とされ，この分量が読者である一般大衆にもっとも読みやすいと言われています。日本人高校生，大学生はこの程度の平均文長（＝1 文あたりの平均単語数）を目指すべきでしょう。しかし，各自英語力に差があることでしょうから，おおむね 10～20 語前後程度の平均文長を目標にして書くようにしましょう（短い文で 10～15 語位，長い文で 16～20 語位）。単文（→ p. 58）・重文（→ p. 64）・複文（→ p. 70, 76）を意識する，また分詞構文（→ p. 69）や関係代名詞の継続用法（→ p. 75）などを利用することにより，容易に 1 文あたりの単語数を上昇させることができます。

★私の心に残る言葉★

Ask, and it will be given to you; seek, and you will find; knock, and the door will be opened to you.

「求めよ。そうすれば，与えられるだろう。捜しなさい。そうすれば，見出すであろう。門をたたきなさい。そうすれば，開けてもらえるであろう」

「～しなさい。そうすれば…」は，〈命令文, and S＋V〉という形式で表現します。また，アカデミック・イングリッシュ（学術英語）において，頻繁に使われる形式ではありませんが，〈S＋V; S＋V; and S＋V〉という重文の並列構文（3 つの重文が並列）が使用されていることにも留意しておきましょう。この表現は，『新約聖書』の「マタイによる福音書第 7 章」より抜粋したものです。

Paragraph Writing (5)

■ 学習トピック：読者の記憶に残りやすい英文を書こう

Lost Love

　Since my boyfriend left me on January 7th, 2012, I have never woken up without thinking of that day. On that day, he said to me with a serious expression, "We have been dating seriously, but I think we should separate." He quietly left my room, and he has never visited my apartment since then. I realized I had lost someone important; furthermore, I lost all hope for my future. I traveled alone across Japan to try to ease my sadness; the trips which were supposed to soothe my heart just convinced me that no other man could ever be as good as my ex-boyfriend. Also, during my trip I repeatedly remembered my first kiss with my ex-boyfiend, who said at that moment, "The shortest distance between you and me is a kiss. I'll be with you anytime, anywhere." I cannot forget him, so I am still waiting for him to call me again. Therefore, I have never changed my telephone number, and I never will. No one else can make me as happy as my ex-boyfriend did.

　二重否定や，否定語のついた比較表現を用いることにより，読者の記憶に残りやすい英文を書くことができます。

- ○　I think of that day every time I wake up.
- ⇒ ◎　I have never woken up without thinking of that day.
　「眠りから覚める時には必ずあの日のことを思い出してしまいます」

- ○　My ex-boyfriend is the best.
- ⇒ ◎　No other man could ever be as good as my ex-boyfriend.
　「他の男性の誰もが元カレほど良くはありません」

- ○　Only my ex-boyfriend can make me happy.
- ⇒ ◎　No one else can make me as happy as my ex-boyfriend did.
　「元カレが与えてくれた以上の幸福を他の人が与えるということはあり得ません」

☆課題☆
人生で最も印象に残っている出来事について書きなさい。

Section 14　カンマの使い方

　カンマには日本語における読点以上の役割があるので，カンマの使い方を知っておくことはとても重要なことです。カンマは一見適当に（＝フィーリングで）使われているように思えますが，軸となっているルールが存在しています。基本的なルールが理解できると，何がどのように並列されているのか，文章をどこで区切るべきか，主語と述語はどれなのかなど，語句や文のつながりが手に取るようにわかるので，ライティングのみならず，リーディングにおいても，カンマのルールの知識は大きな力を発揮します。このルールを知っている者と知らない者とでは，英語力に大きな差が出てきます。

1. 並列のカンマ
　　3つ以上の物や事柄を対等な立場で並列する時は，下記のようにカンマを使用します。

(1)　3つの並列〈A, B, and C〉,〈A, B, or C〉
　　○　apples, oranges, and bananas
　　○　apples, oranges, or bananas

(2)　4つの並列〈A, B, C, and D〉,〈A, B, C, or D〉
　　○　apples, oranges, bananas, and strawberries
　　○　apples, oranges, bananas, or strawberries

(3)　5つの並列〈A, B, C, D, and E〉,〈A, B, C, D, or E〉
　　○　poverty, unemployment, homelessness, discrimination, and divorce
　　○　poverty, unemployment, homelessness, discrimination, or divorce
　　　「貧困，失業，ホームレス，差別，そして［あるいは］離婚」

【注意1】
★2つの並列の場合はカンマを使用しません。

　×　apples, and oranges　　　　→　○　apples and oranges
　×　harmful viruses, or bacteria　→　○　harmful viruses or bacteria
　　　　　　　　　　　　　　　　　　　　「有害なウィルスあるいは細菌」

★並列する時は，語（句）の品詞を統一しなければなりません。

　×　<u>poor</u>, <u>unemployment</u>, <u>homeless</u>, <u>discrimination</u>, or <u>divorce</u>
　　　形容詞（×）　名詞　　　形容詞（×）　　名詞　　　　名詞

　×　<u>a lawyer</u>, <u>a mayor</u>, and <u>teaching in school</u>
　○　<u>a lawyer</u>, <u>a mayor</u>, and <u>a school teacher</u>
　　　名詞句　　名詞句　　　　名詞句

Section 14　カンマの使い方

★ ⟨A, B and C⟩, ⟨A, B, C and D⟩ のようにカンマを表記することも可能ですが，本書では，⟨A, B, and C⟩, ⟨A, B, C, and D⟩方式を採用することとします。

【注意2】
不定詞の後に続く「動詞の原形」など，文法上同等のものを並列することも可能です。

- Many Japanese people lack the ability to <u>organize their ideas and thoughts</u>,
  　　　　　　　　　　　　　　　　　　　　　　　　　　　A

  <u>express them logically</u>, and <u>draw a conclusion</u> in English.
  　　　　B　　　　　　　　　　　　　C

「多くの日本人は考えや思想を系統立て，それらを論理的に表現し，そして結論を導くという英語能力が欠けてています」

Aの中では，ideas と thoughts という2つの語が並列されています。

Exercise 1

次の各英文にカンマを正しく書き入れ，（　）内に訳を書きなさい。カンマが不要の英文には，文末の□に✓（チェック）を書き入れること。

1. Every morning my father eats eggs bacon and toast with a half cup of tea and milk.　□
   (　　)

2. Air consists of oxygen carbon dioxide and nitrogen.　□
   (　　)

3. The man is handsome kind strong and smart.　□
   (　　)

4. I respect Ichiro Matsuzaka and most of all Nomo.　□
   (　　)

5. It is said that that man with a beard and mustache cheated stole or killed before. He was a convict.　□
   (　　)

6. My neighbor is foolish selfish and greedy.　□
   (　　)

7. Thomas likes a pretty and elegant girl.　□
   (　　)

8. Students who learn and develop proper study habits are smart.　□
   (　　)

2. イコールのカンマ

　固有名詞の直後に，その固有名詞を具体的に説明する名詞句が書かれることがあります。通例,〈固有名詞, 名詞句,〉というように，カンマを使って名詞句が挿入されます。この名詞句は，固有名詞を補足説明している extra information (＝unnecessary information「なくてもよいが，あればわかりやすい情報」) と言えます。意味においては，固有名詞と名詞句がイコールで結べる (固有名詞＝名詞句) ので，本書では「イコールのカンマ」と呼ぶことにします。

(1)　Andy, a student from the USA, came to my class.
　　「アメリカからの留学生であるアンディは，私のクラスに来ました」(Andy = a student from the USA)
(2)　Hilary Clinton, Secretary of State, is Bill Clinton's wife.
　　「国務長官であるヒラリー・クリントンは，ビル・クリントンの妻です」(Hilary Clinton = Secretary of State)

Exercise 2

　次の各英文にカンマを正しく書き入れ，（　）内に訳を書きなさい。カンマが不要の英文には，文末の□に✓（チェック）を書き入れること。

1.　Mr. Lancaster the Chairman of the Department of English will retire at the end of this academic year.　□
　　(　　　　　　　　　　　　　　　　　　　　　　　　　　　　　　　　　　　　　)
2.　We were angry when John F. Kennedy was shot by Lee Harvey Oswald.　□
　　(　　　　　　　　　　　　　　　　　　　　　　　　　　　　　　　　　　　　　)
3.　Valentine's Day February 14th is a special day for boys and girls in Japan.　□
　　(　　　　　　　　　　　　　　　　　　　　　　　　　　　　　　　　　　　　　)
4.　Judy the best student in my school got 100 points on the mathematics examination.　□
　　(　　　　　　　　　　　　　　　　　　　　　　　　　　　　　　　　　　　　　)
5.　The Big Dipper a seven-star constellation in the shape of cup is well-known to children all over the world.　□
　　(　　　　　　　　　　　　　　　　　　　　　　　　　　　　　　　　　　　　　)
6.　Aya a single-mother in her 20's makes it a habit to jog with her son every morning.　□
　　(　　　　　　　　　　　　　　　　　　　　　　　　　　　　　　　　　　　　　)

3. 場所のカンマ

市と県（州）を区別する時には，〈市，県（州）〉という形式をとります（例：Yokohama, Kanagawa Prefecture）。同様に，市と国の場合は〈市，国〉（例：Yokohama, Japan），県（州）と国の場合は〈県（州），国〉（例：Aichi Prefecture, Japan）となります。

(1) My friend lives in Miami, Florida.
「私の友人はフロリダ州のマイアミ市に住んでいます」
(2) We spent one week in Anaheim, California.
「私たちはカリフォルニア州のアナハイム市で1週間過ごしました」

Exercise 3

次の各英文にカンマを正しく書き入れ，（　）内に訳を書きなさい。カンマが不要の英文には，文末の□に✓（チェック）を書き入れること。

1. A friend of mine lives in the city of Hattiesburg Mississippi.　□
   (   )
2. The three cities of Chicago Illinois Miami Florida and Biloxi Mississippi in the USA were named after Native American tribes.　□
   (   )

4. 年月日のカンマ

「年・月・日」に関する表記法は，〈月　日，年〉となります。

○　I gave a speech on April 28th, 2013.　〈月　日＋カンマ＋年〉
×　I gave a speech on April, 28th, 2013.　（月の後のカンマ不要）
「私は2013年4月28日にスピーチをしました」

「年」の後に言葉が続く場合は，「年」の後にもカンマを書きます。

● I gave a speech on April 28th, 2013, in front of many people.
「私は2013年4月28日に，多くの人々の面前でスピーチをしました」（2013が挿入されていると考えるとよい）

Exercise 4

次の各英文にカンマを正しく書き入れ，（　）内に訳を書きなさい。カンマが不要の英文には，文末の□に✓（チェック）を書き入れること。

1. My grandfather made a trip to Beijing China on August 1st 2008.　□
   (   )
2. My daughter was born on October 4th 2004 in Ota Gunma.　□
   (   )

3. Abraham Lincoln the 16th president of the United States was assassinated on April 14th 1865 in Ford's Theatre. ☐
   ( )

Exercise 5　（まとめ）

次の各英文にカンマを正しく書き入れ，（ ）内に訳を書きなさい。カンマが不要の英文には，文末の☐に✓（チェック）を書き入れること。

1. I hold jobs as a lawyer a mayor and a private school principal. ☐
   ( )
2. The Atlantic Ocean the Pacific Ocean and the Indian Ocean are the three main oceans in the world. ☐
   ( )
3. It is next to impossible for my friend Yoko a 50-year-old woman who was laid off from the company half a year ago to find a new full-time job. ☐
   ( )
4. Japan decided to fight against the USA on December 8th 1941 bravely but recklessly. ☐
   ( )
5. Anne Frank was discovered on August 4th 1944 and she and her sister were sent to Auschwitz concentration camp. ☐
   ( )
6. Yu Darvish the former ace for the Nippon Ham Fighters struck out ten and walked none in a 100-pitch game. ☐
   ( )
7. When my son started school he began playing baseball and learning Japanese calligraphy. ☐
   ( )
8. The study of English and its cultural education are inseparable in order to allow students to understand historical linguistic and ethnic diversities around the world. ☐
   ( )

Paragraph Writing (6)

■ 学習トピック："I" の世界から，より客観性のある世界へ羽ばたこう

　次の文章を読んでみよう。ほとんどの英文が "I" で始まっていることに気がつくと思います。このような文体だと，稚拙な印象が拭えません。同じ内容であってもモデル・パラグラフのように3人称を取り入れながら書くと，より成熟した文章となります。

I Would Like to Study Abroad

　I hope to study in a foreign country. I can experience another society's culture. Furthermore, I can enhance my communication skills. In other words, I can gain many great advantages from studying abroad. Luckily, I am encouraged to study by my parents in the USA, Canada, UK, or Australia. Therefore, I want to learn abroad in the near future.

［モデル・パラグラフ］
　I hope to study in a foreign country. Studying abroad will give me the opportunity to experience another society's culture firsthand. Furthermore, studying in a foreign country will enhance my communication skills. In other words, I can gain many immeasurable advantages from studying abroad. Luckily, my parents are encouraging me to study in English-speaking countries, such as the USA, Canada, the UK, or Australia. Therefore, I want to study abroad in the near future.

★〈他動詞＋目的語＋不定詞〉で大人の文を作ろう

　〈他動詞＋目的語＋不定詞〉を用いるだけで，簡単にエッセイ全体の成熟度を向上させることができます。〈他動詞＋目的語＋不定詞〉は大人の文を演出してくれる便利なツールなので，使えそうな箇所では積極的に使用するように心がけましょう。

- Luckily, my parents are encouraging me to study in English-speaking countries.
  　　　　　　主語　　　他動詞　　目的語　　　　　　不定詞
  「幸い両親は私が英語圏の国で勉強するように勧めてくれています」
- Knowing grammar helps us to understand sentences better.
  　　　主語　　　他動詞 目的語　　　不定詞
  「私たちは文法を知ることで文を質の高いものにすることができます」

☆課題☆
　将来ロボットが家庭に取り入れられて，家事をこなすようになると思いますか。あなたの考えを書きなさい。

あ と が き

　本書は,『英語モードが身につくライティング』というタイトルが示すとおり,日本語に引きずられた表現から脱却し,英語らしい文章が書けるようになる本として執筆されました。本書で学んだ「日本語的思考から英語的思考への発想の転換」をもとに,実際の場面でそれぞれの状況に合わせて,英語モードに合った英文作成への鍛錬を積んでいっていただきたいと思います。

　本書を特徴づけている「英語モード」という言い方は,著者の一人が数年前に出版した『「英語モード」でライティング』(講談社インターナショナル,パワーイングリッシュ・シリーズ) という本から引き継がれたものです。さらに,本書の Part 1 は,同じ筆者で桐原書店より出版した『Stop! 日本語的発想—英語で書くコツ教えます』(絶版) を改訂したものになっています。桐原書店のご好意により元本のデータを引き継ぐことができました。また,センテンス・コンバイニングの練習問題を取り入れたいという希望から,著者の一人が書いた電子書籍で,すでにアーキテクト社のインターネットサイト (http://academy.smallworld.jp) で公開されていた「英字新聞の読み方と英語作文技術—The Nikkei Weekly で学ぶ英語と時事問題」(一部) を,本書の Part 2 に採用させていただきました。

　さらに,本書は「英語モード」という視点にこだわりましたので,英語母語話者のアドバイスが大変参考になりました。千葉大学教育学部の Beverley Horne 先生にはイギリス人として,大阪大学非常勤英語講師およびフリーランサー (freelance editor/journalist) の Sandra Katzman 先生にはアメリカ人としての立場から,校閲をしていただきました。ご協力に深く感謝いたします。また,本書に生き生きとしたイラストを提供してくださった鴇田陽子さん,原稿の執筆において補助的な役割を担ってくださった学習塾講師毒島佳代恵さん,東京大学大学院生 (群馬工業高等専門学校専攻科卒業生) の三隅光君,群馬工業高等専門学校専攻科生の高山雄介君,桜木優輔君にも感謝申し上げます。

　この本を執筆するに当たり,下記の書籍・辞書をはじめ,多くのものを参考にさせていただきました。

　　石黒昭博監修『Forest』(桐原書店)
　　井上永幸・赤野一郎編『ウィズダム英和辞典』(三省堂)
　　江川泰一郎著『英文法解説』(金子書房)
　　大矢復著『大矢英作文講義の実況中継』(語学春秋社)
　　木塚春夫,ロジャー・ノースリッジ著『Common Errors in English Writing』(マクミランランゲージハウス)
　　國廣哲彌・安井稔・堀内克明編『プログレッシブ英和中辞典』(旺文社)
　　小島義郎・竹林滋・中尾啓介・増田秀夫編『ルミナス和英辞典』(研究社)
　　小西友七・東森勲編『プラクティカルジーニアス英和辞典』(大修館)

ジェイムズ・ウェブ著『日本人に共通する英語のミス 151』（ジャパンタイムズ）
関正夫著『世界一わかりやすい英作文の授業』（中経出版）
フランシス・パワー著『日本人が間違いやすい英語表現』（大阪教育図書）
安井稔著『英文法総覧』（開拓社）
山口俊治著『英文法講義の実況中継』（語学春秋社）
行方昭夫著『英語の発想がよくわかる表現 50』（岩波ジュニア新書）
綿貫陽著『徹底例解ロイヤル英文法』（旺文社）
Azar, B.S. *Understanding and Using English Grammar*.（Longman）
Gass, S. M. & Selinker, L.（Eds.）*Language Transfer in Language Learning*.（Newbury House Publishers, Inc.）
Li, C. N.（Ed.）*Subject and Topic*.（Academic Press）
Longman Dictionary of Contemporary English.（Longman）
Quirk, R. *A Comprehensive Grammar of the English Language*.（Addison-Wesley Publishers）

　最後に，本書の企画および編集にお力をお尽くしいただいた研究社の杉本義則さんに心よりお礼を申し上げます。
　本書が皆様の英語力のもう一歩前進に，いささかでも貢献できましたことを祈念しております。そして皆様の今後の更なる研鑽に期待しつつ筆を置きます。

2012 年 9 月

　　　　　　　　　　　　　　　　　　　　　　　　　　　　　　　　大　井　恭　子
　　　　　　　　　　　　　　　　　　　　　　　　　　　　　　　　伊　藤　文　彦

《著者紹介》
大井恭子（おおい きょうこ）
　東京大学文学部英語英米文学科卒業。ニューヨーク州立大学ストーニー・ブルック校大学院言語学科博士課程修了。文学博士（応用言語学・英語教授法）。東洋女子短期大学助教授，東洋学園大学教授，東洋英和女学院大学教授，千葉大学教授，清泉女子大学教授を歴任。2010 年 Cambridge 大学および Institute of Education at the University of London にて客員研究員。著書に『コンピューター対応 TOEFL テスト ライティング完全制覇』（三修社），『「英語モード」でライティング』（講談社インターナショナル），共著に『アメリカを暮らす』（旺文社文庫），『Stop! 日本語的発想―英語で書くコツ教えます』（桐原書店），『英語論文・レポートの書き方』（研究社），『Writing Power (Revised Edition)』（研究社），『クリティカル・シンキングと教育』（世界思想社）などがある。

伊藤文彦（いとう ふみひこ）
　中央大学文学部英米文学科卒業。ミシシッピ大学大学院教育学部中等教育研究科博士課程修了。言語学博士（応用言語学・英語教授法）。防衛大学校講師を経て，現在，群馬工業高等専門学校教授。共著で『Stop! 日本語的発想―英語で書くコツ教えます』（桐原書店），『英語論文の書式と使える表現集』（ナツメ社），『トータル・イングリッシュ―インプット・アウトプット相互効果による総合的英語力増強法』（大阪大学出版会）などがある。ミシシッピ大学の ESL クラスにおいて、大学院奨学生助手として TOEFL ライティング等を教えていた経験がある。

KENKYUSHA
〈検印省略〉

英語モードが身につくライティング

2012 年 11 月 1 日　初版発行
2024 年 1 月 31 日　8 刷発行

著　者　　大井恭子 / 伊藤文彦
発行者　　吉 田 尚 志
発行所　　株式会社　研 究 社
　　　　　〒102-8152　東京都千代田区富士見 2-11-3
　　　　　電話　03-3288-7711（編集）
　　　　　　　　03-3288-7777（営業）
　　　　　振替　00150-9-26710
印刷所　　図書印刷株式会社

© Kyoko Oi and Fumihiko Ito, 2012
装丁：小島良雄
ISBN 978-4-327-42187-8　C1082　Printed in Japan